往復書簡

つぐなうために

―受刑者が見た修復的司法の真実と光―

山田由紀子（弁護士）
ＡＫＩＲＡ（元受刑者）

目次

はじめに

山田由紀子

千葉県にあるＮＰＯ法人対話の会は、二〇〇一年から修復的司法（Restorative Justice 修復的正義とも言う）の理念に基づいて、犯罪被害者と加害者の対話を取り結ぶ活動をしてきました。修復的司法とは、犯罪行為によって最も直接的な影響を受けた人々、すなわち被害者、加害者、彼らの家族、そして地域社会の代表者たちに、犯罪に起因する危害に直接的に対応する機会を与える被害者中心の対応のことです。

修復的司法の理念は、既存の刑事司法と比較すると理解しやすいと思います。既存の刑事司法では、犯罪を国家の定めた法を犯すことととらえ、国家が犯罪を犯した人を処罰するのが刑事裁判です。つまり、犯罪に対して、国家対被告人という関係で対応します。これに対して修復的司法は、犯罪を地域社会の中に起きた害悪ととらえ、この害悪に対して被害者・加害者・地域の人々が自分たちの力で埋め合わせをするという対応をするものなのです。

対話の会は、当初少年非行事件での被害者加害者対話を中心に活動していましたが、実践の積み上げの中で、その活動をいじめや成人犯罪、さらには職場でのセクハラやパワハラなどのハラスメントなどに広げてきました。二〇〇七年からは、少年院内の「被害者の視点を取り入れた教育」をグループワークで行う活動も毎月継続してきました。また、二〇一五年に私が女子刑務所で対話の会について講演してからは、被害者にどうつぐなえばよいのか悩む受刑者や被害者への謝罪について対話の会の仲介を希望する受刑者からたくさんの手紙が届くようになりました。

そんななか、二〇一六年九月に、刑務所で懲役刑を受刑中のＡＫＩＲＡ氏から初めて手紙が届きました。対話の会のこと、修復的司法のことを詳しく知りたいと言うのです。理由を聞いてみると、自分は修復的司法というものを全く知らなかったが、心の変遷を経て、事件から八年目に被害者に対して心から謝りたい、つぐないたいという心境に至り、刑務所内からこれを実行に移した、自分がもっと早い段階で修復的司法を学んでいたらと思うと、刑務所内での修復的司法教育の必要性を痛感する、だから修復的司法のことを知りたいのだという答えが返ってきました。

ＡＫＩＲＡ氏の十年余の体験は、いわば『体験的修復的司法』とも言えるものです。そして、日頃私が「〈被害者の被害回復〉と〈加害者の立ち直り〉、その両方のために、修復的司法はぜひとも広められるべきだ」と主張していることやその理由を、まさに体験的に裏付け実証してくれるものです。
本書は、二〇一六年秋から二〇一八年秋までの二年間にわたるＡＫＩＲＡ氏と私との往復書簡をまとめたものです。読みやすさを考えて小見出しをつけました。私は、被害者と加害者の必要以上に引き裂かれている遠い距離を縮めるものは、修復的対話による〝気づき〟だと考えています。本書が、被害者・加害者についての人々の見る目や被害者支援・受刑者の処遇に携わる専門職の方々の活動に、ひとつの〝気づき〟をもたらすものとなることを切に願っております。

ＡＫＩＲＡ

近年、犯罪被害者等の権利や支援の拡充が図られるとともに、犯罪加害者に対して厳罰を求める声がいっそう高まる一方で、罪を犯した者の社会復帰に関する支援もまた強化され、さまざまな取り組みが篤志家をはじめ民間団体や地方公共団体などとの連携協力のもと、刑事司法システムの各段階において行われてきています。しかし、当事者である被害者と加害者の距離は断絶ないし遠退いたままで、対立的な関係が維持され続けています。

本書は、対話の会の山田理事長との往復書簡で、私という罪をおかした一個人が逮捕から裁判を経て受刑生活中に反省し、被害者への謝罪・被害弁償に至るまでの十年余りの心の変遷を振り返ったものですが、現行刑事司法システムの各段階における被害者への謝罪や弁償に関する対応、少年刑務所と成人刑務所の違い、私が痛感した修復的司法の必要性などについて、僭越ながら言及しています。

刑罰とは一体何のために、誰のためにあるのでしょうか。

一般に流布している〝被害者像〟〝加害者像〟は実像でしょうか。

被害者の癒し・被害の回復や立ち直りに関して必要なことは、加害者の反省や改善更生・再犯防止といった地域社会での再統合のために必要なことと相反するものなのでしょうか。

犯罪という害悪をどのように捉え、いかに対処していくことが当事者たる被害者・加害者のため、ひいては地域社会のためになるのか、一般の人々が担うべき役割があるとすれば、それはどのようなものかなどについて、本書がみなさまに新たな視点に立って考えていただく契機となれば望外の幸せです。

I

修復的司法を知って——刑務所からの手紙

AKIRAから山田への最初の手紙

突然の手紙で失礼します。私は、強盗・窃盗などの罪で刑務所に服役している者です。NPO法人対話の会の活動内容がわかる資料等がありましたら、お送りいただきたく、お願いいたします。

私が貴会の活動＝修復的司法について知りたいと思いますのは、次のような理由からです。

恥ずかしいのですが、私が真に犯した罪の重さを認識して自分自身と向き合い被害者のことを誠に慮《おもんぱか》るに至るまでに、事件から八年余りの時を要してしまいました。

私（現在三十九歳）が事件を起こしたのは、二十五歳から二十六歳にかけてですので、少年ではありませんでしたが、先生のご高書（注：山田由紀子著『少年非行と修復的司法―被害者と加害者の対話がもたらすもの―』二〇一六年 新科学出版社）に指摘されているとおり、「抽象的に法を侵したことや物を盗ったこと自体については「ごめんなさい」と言えるのだが、『被害』について具体的に想像することができない」自分であることに気づくことなく、抽象的な反省をし続けていたのが要因の一つであります。

では、その後どうして私が犯した罪の重さを認識し被害者のことを慮るに至ることができたかと申しますと、当刑務所に服役してから五年後の、二〇一〇年三月より三年余りの間、奈良少年刑務所において服役することになったのがきっかけであります。

奈良少年刑務所で出会った篤志面接委員の大谷徹奘氏（奈良薬師寺の僧侶）は、「刑罰は心の病の治療期間」とおっしゃいました。私は、その言葉を聞くまで、「自分の刑期十七年は長すぎる。人の命を奪ったわけでもなく身体的な傷を負わせた訳でもないのに」と思ってきました。しかし、その言葉を聞いた時、自分が自ら犯した罪の重大性に気づいていなかったことに、ハッと気がついたのでした。

奈良少年刑務所では、他にも当施設にはない自己改善のために内観指導や自尊感情を育むための教育的指導もありました。何より、安心して本音で語れる「場」と「人」の存在が、私の自己改善に大きな影響を与えたのだと思います。また、自ら窃盗・空き巣の被害に遭われた経験を持つ篤志面接委員の方々との面接において、その心情等を伺い、謝罪や被害弁償の無い事を遺憾に思われていることを知り、「被害者の方々に今できることは何か」について考え、それを実行に移す機会を得ることができました。

ただ悔やまれるのは、八年という年月が驚くほどに長く、そして被害者のことを誠に慮るに至るには恐ろしく遅すぎた、ということです。

すべての被害者の住所を知っていたわけではありませんので、知っている方々に直接、謝罪文を添えて少額の弁償金と共に送らせていただきました。半数近くの方が引っ越されたようで届けることはかないませんでした。また丁寧に私の謝罪を受け止め、弁償金は受け取れないと書かれた自筆の手紙を送ってくださった方もおられました。励ましの言葉や謝罪や被害弁償が行われたことについてうれしいと書かれた自筆の手紙もいただきました。

しかし他方で真逆の反応、つまり謝罪文や弁償金を直接送ったがために、さらにまた被害者の方を深く傷つけてしまう事態を引き起こしてしまったのです。

この被害者の方は、私が被害者の住所を知っているという事実が「また襲われるかもしれない」という恐怖になり、不安で警察署に駆け込まれたそうです。このことを知らされた時は、「まさか、なぜ？」と疑問符が頭の中を駆け回っているだけで、「犯人に住所を知られている」ということが、どれ程の恐怖であったかを想像し理解し得るまで少し時を要したことを覚えております。

このように、実際に被害者とのつながりの中でその心情等に触れることができ、結果として残念なことに、一人の被害者の方をさらに傷つけてしまいましたが、現在は二件の弁償金の分割支払いを継続し、合わせますと四件について謝罪を、三件について謝罪・被害弁償を受け容れていただくことができました。

こうした経験から被害者の被害回復と加害者の更生には双方が関わり合うことが必要なのではないかと考えるようになり、いろいろと学ぶうちに、刑事政策の本で修復的司法と貴会の存在を知り、さらに詳しく活動内容を知りたいと思った次第です。

山田からＡＫＩＲＡへの最初の手紙

お手紙ありがとうございました。ＡＫＩＲＡさんのご経験は、まさに〝体験的修復的司法〟と言えるものですね。

私が修復的司法実践を始めた理由の一つに、長年弁護士として少年事件の付添人をしてきて実感したことがありました。付添人の活動では、少年に自分が非行をおかした原因を考えてもらい、どうしたらそれを改善できるかに気づいてもらうことが重要ですが、同時に、自分のしてしまったことの結果、つまり被害のことを深く受けとめてもらう必要があります。ところが、少年たちは社会経験が乏しく判断能力も未熟なため、なかなかこの「被害」について具体的に想像することができないのです。抽象的に法を犯したことや物を盗ったことについては「ごめんなさい」と言えるのですが、それでは真に被害の実情を受けとめたとは言えず、Ａさん、Ｂさんという生身の被害者その人に対して「ごめんなさい」と言っていることにもならないのです。ＡＫＩＲＡさんは、まさにこのことを身をもって体験し実感されたのですね。

「対話の会」で被害者の体験を直接自分の目と耳で受けとめた少年は、自分のしたことが単に「法を犯した」とか「物を盗った」とかいうものではなく、「被害者の人生」や「被害者という人」を傷つけたのだと知ります。

バイクを盗んだある少年は、「対話の会」で被害者本人が、そのバイクは自分を引きこもりから救ってくれた宝物だったと語るのを聞き、そのバイクを乱暴に乗り回したうえに藪に放置してサビだらけにした自分の罪深さを実感しました。

新婚夫婦の家に侵入して結婚指輪を盗んだある少年は、対話を申し込んだあと、進行役から、被害者夫婦のうちの妻の方は、幸せに満ちて準備した新居を汚され指輪も失って人間不信に陥り、とうてい加害者と会う気になどなれないと言っていると告げられ、自分のしたことが単に物への罪ではなく、その妻の幸せな人生そのものへの罪だったと気づきました。

ＡＫＩＲＡさんのおっしゃるとおり、このようなことは少年に限らず成人でも同じであり、成人もまたこのような〝気づき〟がなければ真の反省や謝罪の気持ちには至らないと、私も思います。

ＡＫＩＲＡさんが修復的司法や当会の活動に関心を寄せてくださること、大変うれしいです。早速資料を同封いたします。

II

真の反省に至らなかった五年の刑務所生活

山田からＡＫＩＲＡへの質問の手紙——なぜ所内で反省に至らなかったか

ＡＫＩＲＡさんは、逮捕され懲役十七年の判決を受け刑務所で五年の受刑生活を送っても、奈良少年刑務所に行くまで、真に犯した罪の重さを認識して自分自身と向き合い被害者のことを思いやることができなかったそうですが、それはどうしてなのでしょう。一般の人や国の制度は、逮捕や刑事裁判での審理、重い判決、厳しい受刑生活などが犯罪者に反省をもたらすと信じていると思うのですが。

ＡＫＩＲＡから山田への回答の手紙――逮捕されてからの五年間の自分

ご質問ありがとうございます。逮捕されてから奈良少年刑務所に行くまでのことは、私にとっても振り返りの必要なことですので、少し丁寧に思い起こしてみたいと思います。

一　逮捕されてからの後悔

「とうとう捕まったか。これからどうなるのだろうか俺は……」

冷たい手錠をかけられた時に思ったことは、ただただ自分の身を案ずることのみであり、被害者への謝罪の念や家族への迷惑について考えたり、罪を犯したことに対する反省の情などは残念ながら露ほどもありませんでした。

「ああ、俺も犯罪者となり人生完全に終わったな……」

逮捕されるまでさんざん犯罪行為を繰り返してきたにもかかわらず、留置場に入れられて初めて自分が犯罪者であることを突き付けられ、成り下がってしまった自分をさげすみ、〝こんなはずではなかった。俺の人生、どこで違えたのだろうか〟と、犯罪に及んだことへの後悔より失敗したことへの悔しさや反省をするといった具合でした。

このように〝いかれた心〟や歪んだ価値観など病んでいた精神の闇中に一筋の光が差し込み、

家族などの親しい人たちに思いをはせることになるのが、二十日間程の接見禁止が解かれた後の兄たちの面会や幼馴染からの手紙でしたが、それも多少の迷惑をかけたという程度のもので、今思えば大変浅いものであったと認識しています。

私の逮捕後二カ月余り過ぎて、母が倒れたという事実からも、本来なら家族が周囲や社会の厳しい非難の目にさらされながら生きていることがどれほど難儀であったかわかるはずですが、当時の私は、命に別状はないということから〝たいしたことではない〟と思い込み、留置場で不自由な拘禁生活を余儀なくされている自分のつらさを紛らわせるために菓子代や自弁の弁当代などに使う差し入れのお金を頼むといった調子でしたから、救いようがない程に私は〝いかれていた〟のでした。

私は逮捕されるまで、拘禁生活でこんなにもお金が使えてお金が必要になるとは知りませんでしたから、〝地獄の沙汰も金次第〟という言葉があるとおり、「どこにいても金がなければ首なしと同じなんだな……」と、逆に拝金主義的傾向は増していくばかりでした。

被害者への被害弁償については〝ない袖は振れぬ〟と思っていましたが、結果的に長兄が示談金などを工面して一部の被害者に弁償してくれたので、長兄に対して申し訳ない気持ちでいっぱいになったことを覚えています。

私は、取り調べの際に警察当局が犯人を特定できていなかった事件を含めて、自ら犯した罪についてすべて進んで供述し、記憶が曖昧な部分などは取調官の言葉に迎合したりして、素直に応じていました。その理由は、煙草が吸えたり珈琲などが飲めたりすることで一時だけでも檻の中の惨めな現実から逃避するといったことや、〝刑務所に行ってからばれるのは面倒だし嫌だな〟と極めて自分勝手で愚かなものでした。

そのため、一般に思われているような、取調べという犯した罪を振り返り事実を振り返って事実を明らかにしていく作業、その過程において内省を深めて自身の犯した罪の重大さや被害者の被害の実情に思いを致して謝罪の念に駆られさいなまれることも、自分の果たすべき責任に思い及ぶこともありませんでした。

二　求刑の重さに衝撃

私が真に犯した罪の重さを認識し被害者のことを誠に慮るに至るには、事件から八年余りの時を要したことは以前に書いた通りであります。

その八年余りの期間に自分自身と向き合う機会として、奈良少年刑務所での生活があったことを少し書きましたが、実はもう一つ大きな出来事がありました。それは、「懲役二十年を求刑する」という検察官の論告求刑でありました。自身の犯した罪の重大性を考える最初の機会となり、被害者のことや刑事司法の在り方についても考える最初の機会ともなり、この当時、有期刑上限の求刑の衝撃は利己主義的虚無的な私を変えるには十分すぎる程でありました。

一般的に、逮捕された者は警察や検察の取調べの際に、自ら進んで犯した罪を告白し、改悛の情を示し、被害者に対して謝罪・被害弁償・償いといった責任を自覚した上で、責任を果たし、法廷においては二度と同じ過ちは犯さないことを誓うのが当然と思われているように存じます。

私の場合は、取調官から自白（捜査当局の意に添うもの）を、弁護人から改悛の情を示し被害者に対する責任を果たすこと（本当の目的は裁判対策でありましたが）を、法廷においては反省し謝罪の念を示し赦しを請うて二度と犯罪に手を染めることなく、まっとうな人生を歩むことを誓う被告人の役を与えられ、私の本音は心の奥底にしまわれたまま、実際には単に法律違反をした事実に対し、「悪いことをしてしまった」としか思うことができずにいた私でしたが、促されるがままに与えられた役を演じ、（少し乱暴な言い方ですが）茶番劇は幕を下ろしました。

そんな中、先にも述べましたが、検察官による法廷での論告求刑において、「懲役二十年」と言われた時は頭が真っ白になり、その後、拘置所に戻るまでの記憶が飛んでしまった程の衝撃は今でも忘れません。この衝撃によって気づかされたのは、「現実から逃れることはできない」ということであります。

つまり、私が罪を犯して逮捕され裁きを受ける身であることは現実であって、その事実を受け止めてこれから生活していかなければならない、これまでのようにやりっ放しの無責任では通らないという現実の厳しさを思い知らされたのであります。

この日より私は、自身の犯した罪について考え始め、どれ程私は極悪人であったのかを知るべく、被害者の声を聞きたいと思ったのであります。

私はまず、弁護人より差し入れられた「論告要旨」に目を通し、検察官から見た「私」の、そのあまりに乱暴な姿を目の当たりにして、「確かに『私』は極悪人である」と愕然としつつ心得たことを覚えております。

しかしながら、依然として、「人の命を奪うことより重い罪などあるのか」という価値観は変わらず、他人の犯した罪と比較して自身の犯した罪の軽重を問うことが、どれ程の愚問で、真の反省や被害者を慮ることに程遠いものであるのかを知るには、この時より大分時を経なければなりません。

三　被害者の声を聞きたいと思う私への刑務所の対応

被害者の声を聞きたいと思った私は、刑務所の職員にも被害者の心情等を知る術について尋ねて相談してみましたが、職員からは、「施設側としては、いかんともし難い」、「被害者のことを考え、謝罪や弁償をしたいという思いを忘れずに、まずは所内の規律を守り、規則正しい生活を送り無事故を目指し、一日でも早く出所できるように努めることが大事」という答えしか返ってきませんでした（山田注1）。

私は、「所内生活を規則正しく送ることは大事なことだが、まず被害者の心情等を知り反省した上で謝罪や弁償、つぐないをするべきではないのだろうか」「出所するまで何もできないということは、被害者もまた長期間、被害の回復がなされないということでもある」「これでは被害者も罰を受けているようなものではないか」「当事者にとって利するところがあるのか」など、疑問は尽きず、溢れるばかりでした。

しかし、私が受刑者となった頃は、今の刑事収容施設法（刑事収容施設及び刑事被収容者等の処遇に関する法律）が施行される前の監獄法の時代で（山田注2）、現在よりも威圧的な環境下で職員の言うことには絶対的に服従しなければならないと教え込まれていた私は、何も言えず、納得できぬまま受刑生活を送ることになりました。

職員に対して自分の意見など述べようものなら、「抗弁」と称され「懲罰」を科されるといったことが日常的であり、結局のところ被害者のことよりも自分を守るために、職員の言ったとおり「謝罪・弁償は出所後」とあきらめてしまいました。というより、私は逃げてしまったのだと今では思っております。

私はこのような体験を経て、真の反省に至ることなく自分が道を外れて罪を犯すに至った主な原因は〝高校中退〟であると短絡的に考え、受刑中であっても高校卒業の資格が得られる制度があることを知り、そのために受刑生活を送ろうと励むことになりました。

幸いなことに、Y刑務所に入所してから五年余りが経過した後に、奈良少年刑務所で、奈良県立大和中央高等学校通信制課程受講生として選ばれて新たな受刑生活を送ることになり、そのおかげで真の反省・被害者とのつながりを経て、修復的司法に出合うことになるのです。

山田注1：現在各刑務所では、全体講話に犯罪被害者を講師として招き全受刑者に被害者の生の声を聞かせたり、限られた対象者に対してではありますが「被害者の視点を取り入れた教育」を実施したりしています。

山田注2：監獄法は一九〇八年（明治四十一年）に制定された刑務所での刑の執行方法等について定めた法律ですが、憲法の定める基本的人権の保障に欠けるところの多いものでした。二〇〇三年に行刑改革会議が「受刑者が、単に刑務所に戻りたくないという思いから罪を犯すことを思いとどまるのではなく、人間としての誇りや自信を取り戻し、自発的、自律的に改善更生及び社会復帰の意欲を持つことが大切」であるとの提言を発し、そのような理念に基づいて全面的に改正されたのが二〇〇七年施行の刑事収容施設法です。同法三〇条は、「受刑者の処遇は、その者の資質及び環境に応じ、その自覚に訴え、改善更生の意欲の喚起及び社会生活に適応する能力の育成を図ることを旨として行うものとする。」と規定しています。

Ⅲ

奈良少年刑務所での新しい出会いによる目覚め

山田からＡＫＩＲＡへの質問の手紙――奈良少年刑務所での体験とは

奈良少年刑務所に行ってからのどのような体験が、あなたを真の反省や被害者へのつぐないに目覚めさせたのですか。

ＡＫＩＲＡから山田への回答の手紙――自分磨きの生活の始まり

一　法務教官との出会い

初めに私に良い意味の衝撃を与えてくれたのは、奈良に移送されたその日に行われた、高校教育担任であった小西好彦法務教官（現早稲田大学教育学部心理学専修非常勤講師）との面接でありました。

「奈良に何しに来たんだ」という衝撃的な言葉から始まった面接の主導権は当然のことながら私にはなく、しどろもどろに答えていたのですが、「高校卒業なんて誰でもできるし、卒業してＹ刑務所に戻るのは当たり前の話や。それよりも奈良での生活で何でもいい、何か一つでも得るものを得てＹに戻ってほしい」という言葉に、何とも答えようもなく黙っていると、「お前は磨けば光るタマだと信じている」という言葉とともに、磨き方も教えるし一緒に磨いていこうという趣旨の言葉に、そして圧倒的な熱意に、私の自分磨きの生活が始まったのでした。

二　奈良少年刑務所での生活

「自分を磨く」とは、自分の長所・短所や得手・不得手、好き嫌いといった好みなど自身の性質・特性や行動基準・価値観といったものを客観的に理解分析して見直しを行い正しく自己認識をした上で、「自分を大切にし、自分らしく生きる」という新しい生き方を身につけることだと、奈良での生活を通して理解を深めていきました。実際、高校教育においては心理学的アプローチによって自己効力感（自分がある状況において必要な行動をうまく遂行できるかという可能性の認知）や自尊感情の向上、認知的スキルや社会情動的スキル、そして自ら主体的に学ぶ力の育成に力を注がれていたように感じています。

例えば、私と同期での受講生は五人いましたが、それぞれの問題について共有し「何でも話すことができる」場を作ることによって、人とつながることの本当の意味での大切さを学ぶ、ということです。

私の場合、他人に対する不信感が強く、軋轢《あつれき》を生むくらいなら本音は語らずに上辺だけでやり過ごした方が楽だし、もっと正直に言えば、受け容れてもらえず仲間はずれにされる恐怖心の方が強かったために、なじむまでには時間がかかりました。

高校教育の授業においてこのことを皆の前で話したところ、小西法務教官から次のように指摘されました。

「他人の顔色をうかがって上辺だけでの付き合いばかり続けていけばいく程、恐怖心は強くなり不安は解消されず自信を失い、いつの間にか他人の評価だけを気にして称賛を得ることによってしか心の安定を保つことができなくなり、そのことがまた偽りの自信となり、本来の自分を見失うことにつながり、だからこそ今現在、おまえはここ（刑務所）に来ることになったのではないだろうか。本当の自信とは、自らが主体的に考えて判断し行動することで得られるものであるから、物事全般についてもっと深く考えること」と……。

高校教育の同期受講生の中で、私が一番年長であり、一番心の病気が深刻でもあり、なおかつ一番自己表現力がないことを自覚するに至り、授業開始前の五分間を私の自己表現力向上のために割いていただいたりしながら、自分磨きに努めました。

それぞれ取り組む課題は違っていても、高校を卒業することと自己改善といった共通の目標に向かっていることを、それぞれが明確に持っていたからこそ、「何でも話せる場」を作り上げることができたのだと思います。この場があったからこそ、私は自分と向き合い犯した罪の重大さに気づくことができたとも思っています。

奈良においては、高校教育以外でも本音で話しができる場（多少の軋轢が生じても懲罰の恐れがない）を積極的に設けていました。例えば、工場内での対人関係トラブルなどは、工場内において工場担当を交え当事者とともに、当事者の所属する班の長や衛生夫が参加し問題の解決をはかるといった修復的司法に近い対話の実践が行われていました。

また、月二回程、工場の全員が講堂に集まり、あらかじめ決めておいたテーマについて工場担当法務教官も交えて話し合う場を設けていましたから、仲間の意見を聞いたり自分の意見を発表したりする場があることにより、自身を見つめ直したり、生き方を変えるキッカケを得るといった機会になった受刑者は多いのではないかと感じております。私にとって、本音とは人の心に響くものだということを実感できた機会でもありました。

このように、奈良においてはすべての物事に対して懸命に取り組める活気あふれる環境があり、受刑者の更生を第一に考え励む職員や篤志面接委員等の支援も充実していたことに加え、私自身は、高校教育受講生という大変恵まれた処遇にありましたので、Y刑務所での受動的な生活から一変して能動的な生活を送れることになり、その結果あらゆる矯正の機会、つまり自己改善の機会を自身のために有効に活用することができました。

毎月行われる篤志面接委員の講話や年に一度の弁護士による犯罪被害者の実態についての話、それから犯罪被害者遺族によって運営されている「生命のメッセージ展」への参加や、犯罪被害に遭われた経験を持つ篤志面接委員との個人面接等を通して、被害者を慮るに至り、犯した罪に対する自身の責任について考えるに至りました。

また、音楽クラブにおいて、初めて自分が作詞作曲した作品をギターを弾きながら仲間とともに歌うことができ、野球クラブにおいては、夕暮れまで白球を追いかけ合い、終了後は月明かりの下、皆裸になってグランド脇にあるシャワーを浴びる、といった一体感や開放感、そして高校教育では、手錠なしで薬師寺を二時間ほど散策して、自由の背後にある恐ろしさ、責任やありがたさ、真理に触れることができました。

卒業式は、大和中央高等学校の校舎の一室において私を含め六名の受刑者高校生のためだけに、学校長をはじめ授業を担当してくださった教員の方々、刑務所職員・法務教官等多くの方々に見守られる形で執り行われ、教員の方は、中には涙を流し、あるいは握手や抱擁、激励の言葉をもって祝福してくださり、私自身も目頭が熱くなり、高校を卒業した喜び以上に、自己肯定感の高まりを覚え、人の優しさ・温もりが私を更生へと導いてくれました。

三　拝金主義者からの変貌

奈良での生活は、拝金主義者的であった私に、「お金では決して手に入れることができない喜びや幸福」について思い出させ、気づかせてくれました。

さらには、高校教育で使用する教室周辺（便所・通路等）では、高校教育受講生は各自が主体的に行動するように促され認められておりました。例えば、授業開始前に机の整頓やチョークの準備、窓やカーテンの開閉、授業後も同様に教室やトイレの掃除などを気づいた者が率先して行うことや、工場と教室の移動、連行時に、教材の運搬等を「自ら気づき、考え、実践する」など、社会内で健全に適応し生活していく上で欠かせない主体性の回復がはかられておりました。

そして、被害者の方々へ直接的に謝罪文と弁償金を送り、被害者お一人お一人の心情に触れる機会を得て、そのさまざま異なる被害の実態を知り、改めて自身の犯した罪の重大性、それに対する責任は決して刑務所で生活すれば果たされるものではない、ということに気づかされました。

おそらく、Y刑務所で出所まで生活していたならば、受動的な生活のまま、被害者のことを慮ることも自らの犯した罪に対する責任について知ることもなく、自らの生き方を変えるという考えにも至ることなく、能動的に生きるという術は知ることもなく、「何も気づかず、何も考えず、そして何も実践しない」、つまり罪を犯した当時と何ら変わらずに社会に戻っていたことは必須であり、このようなことを考えますと、奈良で生活する機会があったことは、私にとっては大変有り難いものでありました。

（注：奈良少年刑務所は、二〇一七年三月末に閉鎖されて現在はありません。現在ある少年刑務所は、川越・函館・松本などの六カ所です）

山田からＡＫＩＲＡへの感想の手紙――〝気づき〟と〝変わる〟こと

奈良少年刑務所での処遇、素晴らしいものだったのですね。ＮＰＯ法人対話の会は、二〇〇七年から千葉県にある少年院の中で「被害者の視点を取り入れた教育」をグループワークの形で行っており、毎月一回少年院を訪ねています。奈良少年刑務所の法務教官の熱意や教育的環境は、かなり少年院に近いもののように思われました。

「月二回程工場の全員が講堂に集まり、あらかじめ決めておいたテーマについて工場担当法務教官も交えて話し合う場を設けていましたから、仲間の意見を聞いたり自分の意見を発表したりする場があることにより、自身を見つめ直したり、生き方を変えるキッカケを得るといった機会になった受刑者は多いのではないかと感じております。私にとって、本音とは人の心に響くものだということを実感できた機会でもありました」と書かれています。

ＡＫＩＲＡさんは、当初Ｙ刑務所にいた五年間は、刑務所で不自由な受刑生活を送っていることだけであたかも被害者に対するつぐないをしているかのように思っていたようですね。私の出会った受刑者や少年院の少年たちも同じでした。被害者視点教育のグループワークに参加してくる少年の中にも、初めは「ここ（少年院）に居ること自体が被害者に対するつぐないだ」と言ってはばからない少年もいます。そこから、全七回のワークを経て、ＡＫＩＲＡさんと同じように「ここに居るだけでは、被害者その人に対するつぐないにはならない」と気づいていくのです。

ＡＫＩＲＡさんは、奈良少年刑務所で〝気づき〟を得て〝変われた〟、Ｙ刑務所で受動的な生活を送るだけだったら〝変われなかった〟と言っておられますね。私が加害者の更生に関わるとき最も大切にしているのも、この〝気づき〟と〝変わる〟ということです。被害者との対話やグループワークを通じて、今まで知らなかった被害の実際を聞いた加害者たちは、たくさんの〝ハハァ体験〟（心理学で「ああそうだったのか！」という驚き体験を表す言葉）をします。その〝気づき〟が加害者を〝変え〟、真の反省や心の底からの謝罪の気持をもたらし、さらには、新しい自分として再出発する意欲をもたらすのです。

被害者の被害回復のためにも、加害者が〝気づき〟〝変わる〟ことは、とても大切なことです。今私は修復的対話の進行役として、とても重い犯罪の被害者の方の申込みを受け、刑務所内にいる加害者との対話の準備を進めています。その被害者の方がなぜわざわざ自分から加害者との対話を求めたのかというと、それは「自分のような被害者を二度と出してほしくない。加害者がもし私に被害を与えた時の加害者のまま変わらず刑務所から出てきたら、私の被害は無に帰す。加害者に変わってほしい、二度と私のような被害者を出さない人間になって刑務所から出てきてほしい。だから、彼が刑務所内で変わりつつあるのかどうかを確かめたい」という気持からなのです。

Ⅳ

被害者宛の手紙への反応

山田からAKIRAへの質問の手紙――被害者への手紙に困難は？

ＡＫＩＲＡさんは、奈良少年刑務所で変貌し、その後、被害者の方々に謝罪と被害弁償を申し出る手紙を出されたそうですが、それについて、刑事施設内からの発送という点で、困難や支障はなかったのでしょうか。

ＡＫＩＲＡから山田への答えの手紙――一年以上かけて迷いつつ

被害者宛の手紙の発信について、刑務所側から「直接被害者に手紙を送付せずに、親族や弁護士などの第三者を介して行うように」という指導はされましたが、「被害者に手紙を出すな」等の抑制的指導は受けませんでしたし、他の受刑者からも抑制的な指導を受けた等、聞いたことはありませんでした。

一方で、弁償金として作業報奨金を用いることに関しては、「出所後の更生資金の一部として支給されるもの」という原則論でもって、抑制的な指導を受けました。また、起訴されていない事件の被害者については、「その者が確かに被害者であるとわかるもの」の提示を求められました。

私自身、真の反省に至り、被害者のことを慮れるようになってから、実際に被害者へ謝罪・弁償を行うまでに一年近くの時間を要しました。

「事件から八年あまりたち、突然に犯人加害者より手紙などが送られてくれば、忘れかけていた事件の嫌な記憶を思い出させてしまい、迷惑をかけてしまうのではないか」

「被害者のためと称して謝罪・弁償をする、その実は単なる犯人加害者側の自己満足にすぎないのではないか」

「そもそも被害者は、謝罪や弁償を望んでいるのだろうか」

「被害者は二度と加害者と関わりたくないと思っているのではないか」など、受刑中に被害者への謝罪や弁償をすることが、被害者のためになり、自己の責任を果たすことになるのかについて激しい葛藤が生じ悩みました。

もはや、私一人で「正しい選択」をすることが困難だと判断し、他の受刑者や篤志家の方々に尋ねることに致しました。多くの受刑者は、裁判中に親族等が弁償金を工面して、被害者と示談が成立していると回答してくれました。そのため、受刑中の現在においては被害者のことよりは出所後のことや、立替払いしてくれた親族への返済について思い巡らしているとのことでありました。また、参考になる回答としては、

・法テラス（山田注）を利用して、親族等が代わりに被害弁償している。

・被害者の代理人弁護士に対して、受刑者本人が作業報奨金を用いて年に一回、謝罪と弁償を行っている。

・被害者に拒絶されていて、直接的に謝罪や弁償ができないため、犯した罪に対する自己の責任を果たし、間接的でも被害者の被害回復につながればと願い、犯罪被害者支援団体へ親族を介して寄付している。

というものがありました。

次に、篤志面接委員の方々より頂いた助言として、「謝罪や弁償のないことを遺憾に思う被害

者もいる」という言葉の他に、被害者へ謝罪と弁償を行うようにと私の背中を強く押してくれた言葉があります。その言葉とは、「被害者の気持ちを考えることは大切だが、そこに『被害者は謝罪や弁償を受け入れてくれるだろうか、許してくれるだろうか、あるいは迷惑をかけてしまうのではないか』等に思い悩む必要はない。なぜなら、謝罪を受けたり許したりするのは被害者が決めることであって、あなたには、どうすることもできないのだから。あなたにできることは、あなたが被害者に対して『すまなかった』という思いを素直に伝えることである」という趣旨のもので、今できることとして謝罪・弁償を行う決断に至りました。

山田注：日本司法支援センターの愛称。同センターは、総合法律支援法に基づいて国が設置した独立行政法人で、法による紛争の解決に必要な情報やサービスを提供するため、無料法律相談、弁護士等の紹介、弁護士費用の立て替えなどを行っている。

山田からＡＫＩＲＡへの感想の手紙――謝罪への真摯な思いに触れて

私が出会う加害者の中には、刑事裁判の時に被害者が二度と自分に関わってほしくないと言っているると聞いた等の理由で、被害者は謝罪も弁償も望んでいないと決めつけ、だから謝罪も弁償もしないのだと言う人がいます。

しかし、多くの場合、その言葉には〝逃げ〟があるように感じられます。現実に謝罪や弁償をするとなれば、加害者も多くの手間暇や精神的経済的負担を被ることになります。確かに「自分がこれをしないのは、被害者が望んでいないからであって、自分が無責任だからではない」と考えれば、これらの負担を被らずに済み、ある意味〝楽〟かもしれません。ただ、実際にその時点で被害者の気持ちを確かめた人は別として、そうでない場合、被害者の意志を口実に自分の責任から逃れているだけではないでしょうか。現に、そのように言う加害者は、自分自身の更生についても非常に曖昧で甘い考えしか持ち合わせていないことが多いのを実感します。

ＡＫＩＲＡさんの悩みはもっと真摯なものだったに違いありませんが、篤志面接委員の方の言葉のお陰で、結果として〝逃げ〟になるような道を選ばず、謝罪・弁償を行う道を選ばれたこと、本当に良かったと思います。

ＡＫＩＲＡさんが悩まれたこと――被害者に事件の記憶を思い出させてしまうのではないか、

加害者の自己満足にすぎないのではないか、被害者は二度と加害者と関わりたくないと思っているのではないか、などは、多くの真摯な加害者が悩むことです。私も、刑務所や少年院での「被害者の視点を取り入れた教育」の授業の中で、受刑者や少年からよく同じ悩みを聞きます。その点、対話の会のような第三者が間に入り、まずこの第三者が被害者の受領意思の有無を確認し、受領意思があるとわかったら第三者を介して謝罪・被害弁償をするという方法を採れば、多くの場合、この悩みは解消することになります。そして、被害者の二次被害を防ぎ、加害者が自分の責任を果たすのを勇気付けることができます。

そのせいでしょう、私が刑務所や少年院で対話の会のお話をすると、そのあとで、被害者との間に入ってほしいというお手紙をたくさんいただきます。対話の会は小さなＮＰＯで、ほんの少数の加害者のお役にしか立てませんが、もっとこのような活動が広まってくれることを願わずにはいられません。

ところで、先日、大学の法学部の学生二百人ほどに講義する機会があり、その際全員に「刑務所で受刑中の加害者は、被害者に謝罪や償いをしたいと思っていると思いますか？」と質問しました。すると、わずか数名が自信なさそうに「思っていると思う」という方に手を挙げただけで、圧倒的多数の学生が「思っていないと思う」という方に手を挙げたので驚きました。もちろん、私が出会う多くの受刑者は実際に行動に移せるかどうかは別にして「できればしたい」と思っています。

ＡＫＩＲＡさんから、ＡＫＩＲＡさんの周辺の受刑者だけでも何人もの受刑者が被害者への謝罪やつぐないを実行していると知らされ、とても安心しうれしく思いました。

具体的には、どのような内容の手紙をどのような方法で送ったのですか。被害弁償のお金は、どのように送金したのですか。被害者の方々の反応は、いかがでしたか。

ＡＫＩＲＡから山田への答えの手紙――被害者に発信しての反応

一　被害者への発信・送金方法

私が犯した強盗・窃盗等の事件は、起訴されたもの十件、起訴されなかったもの七件の計十七件でしたが、このうち被害者の方の住所がわかったのが十件でしたので、その十件の被害者の方々に謝罪の手紙と被害弁償金を送りました。

まだ奈良少年刑務所にいた際、初めて被害者の方々に発信した方法は、

①　実母宛に、被害弁償金として作業報奨金を現金書留で宅下げ送金

②　実母宛の信書に、被害者の氏名・住所と、私の名前・奈良少年刑務所の住所を記載した現金書留封筒及び被害者宛の謝罪文を同封して発信

③　実母が②の現金書留封筒に被害者宛の謝罪文と①の被害弁償金を入れて、被害者に発信

という形でした。

しかしながら、このうち、一人の被害者の方に送った現金書留が「あて所に尋ねあたりません」として私のもとに戻ってきてしまったことから、発信方法を改めることになりました。

戻って来た手紙を私が受け取る際に、刑務所側から「この方法だと、直接被害者へ送っていることになるから送り主の欄には今後、送付を依頼している第三者の方に、その方の氏名・住所を

記載してもらうように」との指導を受けたのです。そこで、以後は指導のとおりに改めて発信しています。

また、Y刑務所に戻ってきてからは、「被害者の『直接手紙等を送ってきてもよい』という意思が確認できれば、直接被害者へ手紙等を送ることは差し支えない」という指導を受けましたので、二〇一五年に当時被害弁償を行っていた三人の被害者の方々に、弁償金と合わせて直接送金させていただきたい旨の手紙と返信用封筒を送り、一人の被害者の方より返信をいただきました。

二　被害者の方々の反応

被害者の方々に謝罪文と弁償金を送付した結果ですが、十件のうち四件は、「あて所に尋ねあたりません」と記載されて戻って来てしまい、結局被害者の方々に届けることは叶いませんでした。

他の六件のうち、一件は、初めの手紙と被害弁償金は受け取っていただけたと思われますが、二回目については未開封のまま戻ってきてしまい、被害者に届けることは叶いませんでした。別の一件は、現在も弁償金を送金させていただき、謝罪について受け入れていただけているものと存じます。また、別の一件は謝罪を、別の二件は謝罪と弁償金を受け取っていただき、それぞれの被害者側よりお手紙をいただいております。残る一件は、私からの手紙に恐怖を覚え、近くの警察署へ駆け込まれたという、被害者に対して二次的被害を与えてしまう最悪の結果となってしまいました。

三　被害者への謝罪文の内容と被害者からの返信の内容について

①　路上強盗事件

私が初めて謝罪の手紙を書いたのは、路上強盗の被害者の方宛てで、その事件は、夕方の住宅街を一人で歩いていた七十代の女性を狙い、道を尋ねるふりをして私が声を掛け、共犯Dがナイフで脅し、手提げかばんを奪ったというものでした。手紙の内容は、次のようなものです。

「私は、平成○年○月○日の夕方頃あなた様に声をかけ、金品等を脅し奪う非道を行い、あなた様に大変な被害を与えてしまいました犯人の一人であります。このたびは、多大なご迷惑と精神的苦痛を負わせてしまい誠に申し訳ありませんでした。

事件当時の私は〝世の中お金がすべて〟との歪んだ価値観を持っており、お金を得るためであれば人様より奪い取ることも仕方がないという自分勝手で愚かな考えも持ち、そのため、私の非道な行為によってあなた様がどれ程傷つき精神的苦痛に苛《さいな》まれ、辛い生活を余儀なくされているのかを想像し慮《おもんぱか》ることができませんでした。

私はこれまでの受刑生活でさまざまな行事や教育といった更生プログラムにより、自分の歪んだ価値観に気づき、東日本大震災や篤志面接委員の方々との交流などにより、お金以上に大切なものがあることに気づかされ、私の非道な行為は決して許されるものではないと悟りました。

事件について反省するたびにあなた様の恐怖におののかれるお姿が鮮明に思い出され「何てことをしてしまったのか」と悔やみ恥じて、私があなた様より奪い取ってしまったのは金品のみならず、平穏な毎日をも奪い、人生を大きく狂わせてしまったことに愕然とし、申し訳ない気持ちで一杯になりました。本当にすみませんでした。

私が、自分の過ちを認め反省し、あなた様に与えてしまった被害を想像し、その大きさに気づくまでに事件から九年近くかかってしまい、これまで謝罪・弁償ができず、遅くなってしまったことも重ねてお詫び申し上げます。

あなた様の心の傷が少しでも癒され、平穏で幸せな毎日が訪れますことを、心より願い今後も大変少額で申し訳ありませんが、定期的に弁償させて頂きますので、お受け取りくだされば有り難く存じます。

このたびは、大変なご迷惑をおかけし、甚大な被害を与えてしまい、誠に申し訳ありませんでした。」

この手紙に対して、被害者の方の息子さんから、美しい桜色の封筒で、とても有り難い返信を

いただくことができました。その内容は、

「確かに書留受け取りました。母が高齢のため、長男の私が代筆させていただきました。社会で罪を犯しても被害弁償をする人は大変少ないのが現状です。弁償をするＡＫＩＲＡさんは、すばらしいと思います。日々学び続けて、社会での活躍をとても期待しています。健康に気を付けて日々学び、充実した人生を歩んでください。頑張ってください」というものでした。

この被害者の方への弁償は、年に一回、現在も継続させていただいております。

②　三十代男性店員が被害者のコンビニ強盗事件

私が共犯Ｄとともにコンビニで三十代の男性店員をナイフ・鉄パイプで脅し現金十二万円余の店の金を奪った事件について、その店員の方に謝罪と被害弁償を申し出る手紙を書きました。手紙は私の母経由で送ったのですが、母宛に次のような返信をいただきました。

「ご子息様より謝罪文確かに受け取りました。書面より謝罪の気持ちは十二分に伝わりましたので、金銭については受け取るつもりはございませんので、その旨お伝えください」

③　路上強盗事件

私と共犯Ｄ共犯Ｓの三人が、パチンコ店で大勝していた三十代の被害者男性に狙いを定め景品交換所で景品を現金に交換したことを確認し、帰宅する被害者の後を追い、人気のない場所に至ったとき、暴行を加え、ナイフで脅して現金を強奪した事件について、被害男性は供述調書で「抵抗したら本当に刺されてしまうと思い現金を差し出した。厳重処罰を望む」と述べておられました。私が、母を介してこの方に謝罪と弁償を申し出る手紙を送り、少しずつの弁償とともに四回目の手紙を送った後に、この方のお母様から次のような手紙をいただきました。

「お金を受け取りました。ありがとうございます。息子も結婚し、この住所にいませんが今は幸せに暮らしております。お金は息子に届けますが、今後の送金は結構です。私たちも母子家庭なので大変でした。あなたも長い間大変ですね。お母様を大事にしてください。今のあなたは、涙を流し反省し自身を清めているのですね。しっかり精進して、皆に喜ばれる人になってください。これも何かの縁でしょうから、どんな形にしても来世には良い形で出会えればいいですね」

④　十九歳の男性店員が被害者のコンビニ強盗事件

私と共犯Dがコンビニで当時十九歳の大学生だった男性店員をナイフ・金槌で脅迫し、店の現金十四万三千円とDVD等二十四点を強奪した事件では、私が謝罪文や弁償金を直接送ったために、被害者の方が私に「住所を知られている」「また襲われるかもしれない」という恐怖心を持たれ、警察に駆け込むという二次被害を与えてしまいました。当初、私自身は、ただただ「被害者に申し訳ない」「何とかつぐないをしたい」という思いで謝罪文等の手紙を送りましたので、この結果を知った時には、どうしてそんな事態になってしまうのかわかりませんでした。ただ、その後冷静に被害者の立場になって考えてみれば、私は被害者をナイフや金槌で脅した恐ろしい強盗犯なのですから、その私から直接自宅に手紙が届いただけで恐怖におののくのも無理はありません。

被害者の方が、警察署を通して奈良少年刑務所に抗議の意思を伝えてこられたので、私は刑務所側からの調査を受け、脅すつもりなどなかったことは理解してもらえましたが、刑務所から「今後あなたがもしこの被害者宛に手紙を送ろうとした場合、発信制限の処置をする可能性があり、十分考えてから発信の手続きを行うように」という注意指導を受けるとともに、養育担当職員からは、「被害者百人のうち、今回のように加害者側からの接触により二次的被害を負われる人が一人でもいる以上、たとえその他九十九人が加害者側からの接触（謝罪や弁償など）を望んでいるとしても、現状施設側としては積極的に受刑者に対して弁護士等の第三者を介さずに直接被害者へ謝罪・弁償をすることをすすめることは残念ながらできない」という趣旨の言葉を頂きました。

私の行動は、まだまだ独りよがりであり、本当に被害者の方の身になって、その気持ちを深く慮る姿勢に欠けていたと心から反省致しました。

四　被害者の方々への謝罪・弁償を通して感じたこと

私は、被害者の方々への謝罪・弁償を行う際、「私自身の謝罪の気持ちを率直に伝え、少しでも被害者の方々の被害回復がなされ、心の傷が癒されれば」という願いを込め謝罪文を綴り、自らの責任を果たそうとの考えでありましたから、被害者より手紙をいただくことなど思いもしませんでした。

そのため、最初に届いた被害者からの手紙を施設職員より交付された時の驚きと、舎房に戻ってからその手紙を読んだ際の衝撃は大変なもので、とても言葉では表現できない程のものでありました。

手紙の形状の美しさ、文字の柔らかさ、温かく優しい言葉の数々に抱き締められ、手紙を読み終える頃には涙が机の上に零れ落ちておりました。

何度も何度も手紙を繰り返し読んでは、

「なぜ、非道な行為でもって傷つけた犯人加害者である私に対して、とても優しくて心温まる言葉を贈ってくださったのでしょうか……」「どうして、大切な時間を割いて、ご子息に依頼されてまで私などに美しい手紙を贈ってくださったのでしょうか……」と被害者の姿を思い浮かべては尋ね、尋ねては号泣し、号泣しては何度も何度も手紙を繰り返し読み、

「なぜ……、犯人加害者である私が、謝罪・弁償をするのは当然のことであるのに……」、「どう

して……、非難の言葉ではないのですか……」、「なぜ……」、「どうして……」と繰り返し尋ねては号泣し、自問しては繰り返し手紙を読み、優しい言葉あふれる美しい手紙に込められた被害者の真意に触れようと努めてきました。

手紙に込められた被害者の真意とは、

「事件によって傷つけられた心身、奪われた平穏な日々、長い間、謝罪・弁償を待ち望んでは失望する生活が、どれ程辛く悲しいのか、この痛み苦しみをもっと想像し理解し共感し寄り添ってほしい」ということだったのではないかと私は汲み取りました。

私は、人生で初めて、涙が涸れてしまうのではないかと思うくらい号泣し、この涙のおかげで汚れを残していた良心の浄化が行われ、被害者のことはもちろん他者への思いやりの心も育まれ、優しさも備わってきたように存じます。

「人は涙を流した分、人の痛みを理解し寄り添えるし、人に優しくできる。優しい人は強い。けれどもその実は、多くの苦しみ悲しみを体験し、涙を流してきた人……」

今後も、被害者それぞれの痛み苦しみ悲しみといった心情に思いを馳せ、真に優しき人となれるよう努めていきます。

山田からＡＫＩＲＡへの感想の手紙――対話の会の経験から

ＡＫＩＲＡさんが被害者宛に謝罪文や弁償金を送られたのに対しては、暖かい励ましのお手紙をいただけた場合と警察に駆け込まれてしまった場合の両方があったのですね。

前に、対話の会のような第三者が間に入れば被害者の二次被害を防げると申しましたが、対話の会が被害者宛にお手紙を送る場合も、二次被害については十分気をつけなければなりません。たとえば、ＮＰＯ法人対話の会は、設立当初「被害者加害者対話の会運営センター」という名称でした。被害者宛にお送りする封筒にも、印刷文字でこの名称が書かれていました。

しかし、犯罪被害からかなりの日が経ち、もはや誰からも事件についての連絡はないと思っているときに、表に「被害者」「加害者」という文字のある封筒で見知らぬ団体から手紙が届くと、それだけで被害者を驚愕させ不安な気持ちにさせる恐れがあります。また、犯罪被害に遭ったことを家族等周囲の方に秘密にしていた被害者の方にとっては、封書の表書きを周囲の方に見られたかもしれないと思うだけで二次被害になるかもしれません。

ＮＰＯの名称変更の理由の一つがそこにありましたし、ケースによっては、印刷文字の書かれた封筒ではなく、普通の白い封筒に手書きで宛名を書くなどの工夫をしております。

被害者のご親族が、返信のお手紙をくださったり、そのお手紙の中でＡＫＩＲＡさんに優しい言葉をかけてくださったこと、ＡＫＩＲＡさんがさらに〝変われる〟きっかけになったのですね。本当にありがたい出会いでしたね。

対話の会の活動で、私も進行役として同じような体験をしました。ＡＫＩＲＡさんと同じく、私も、活動を始めたころは、まさか被害者の方が加害者に対して優しい言葉や励ましの言葉をかけてくださるなんて思いも寄りませんでした。初めて被害者加害者が対面する「対話の会」を開いたケースは、少年によるいわゆる集団リンチ殺人事件でしたが、加害少年が誠実に事件を起こした原因や事件での詳細な事実、現在の深い贖罪の気持などを話したあと、息子を殺された遺族であるお母さんは、帰り際に加害少年に歩み寄り、優しく微笑んで「よく話してくれたわね」と声をかけてくださいました。

あるバイク窃盗事件の「対話の会」では、加害少年からバイクを盗んだ理由を聞いた被害者の中年男性の方が、「君の気持ちもわからないではないが、君は両親に愛情深く育てられ、大学にも行かせてもらっている。君は、恵まれているんだよ。そのことを自覚して、これからはせいぜい親孝行するんだよ。大学を出て一人前になったら、俺の所に顔を出してくれよ。待ってるよ」と言ってくれました。

被害者からのこのような言葉が、加害少年を感激させ、より一層深い反省と更生への意欲をもたらしたことは言うまでもありません。

ただ、修復的司法実践において、被害者の暖かい言葉を強調し過ぎることは危険でもあります。ＡＫＩＲＡさんの場合は、たまたま被害者ご本人ではなく、息子さんやお母様でしたから、そのような心配はないと思いますが、被害者ご本人あるいはご遺族の場合、さまざまに揺れ動く心情をお持ちの場合が多く、「対話の会」で加害者側に暖かい言葉をかけた後に、そんなことをした自分に対して自己嫌悪に陥られたり、亡くなった被害者本人への裏切り行為をしたかのようなお気持ちになられる場合もあるのです。

私は、修復的司法において、「赦《ゆる》し」や「和解」は決して目的でないと言われるのと同じように、被害者が加害者に暖かい言葉をかけられることも、たまたま起きた結果としてはありがたいことではありますが、進行役として決して暗にそれを期待したり強要するようなことがあってはならないと肝に銘じております。

逆に言えば、恐怖に駆られて警察に駆け込んだ被害者の方も、その後、冷静にＡＫＩＲＡさんの丁寧な謝罪の手紙を読まれて、その誠実な真意を汲み取ってくださったかもしれません。もちろん、だからと言って、被害者が恐怖心を持つ可能性を予測せずに直接手紙を出して良いということではなく、できれば第三者を介する等、慎重な方法が採られるべきことは言うまでもありません。

ＡＫＩＲＡさんのお手紙を読んでいると、今のＡＫＩＲＡさんが〝気づき〟〝変わった〟あとのＡＫＩＲＡさんだからでしょう、逆に、どうしてこのような人が懲役十七年もの刑罰を受ける罪を犯してしまったのだろうと疑問に思わざるを得ません。あなた自身は既に過去を振り返り、罪を犯した原因に気づき、それをどう改善するかを考えておられることと思いますが、その振り返りを文章化したり人に語ったりすることがより一層〝気づき〟や〝考え〟を深めることも多いものです。

もし差し支えなければ、どうぞ私宛の手紙で文章化し、語ってくださいませんか。

V

自身の犯罪を振り返って思うこと

ＡＫＩＲＡから山田への答えの手紙――事件の内容とそこに至るまで

一　私が起こした事件

私が起こした事件は、強盗、住居侵入、窃盗、爆発物取締罰則違反などです。起訴されたものが十件、起訴されなかったものが七件、合わせて十七件であり、共犯者には共犯Ｄと共犯Ｓの二人がおります。

事件の内容としては、いわゆる路上強盗やひったくり、空き巣、人のいるスナックやコンビニに押し入ってナイフや金槌で店員を脅して金を奪った押し込み強盗、この他に、消費者金融の無人店舗等のＡＴＭを爆破して金を奪おうとした窃盗未遂などです。単に脅すだけでなく実際に被害者に暴行を加えた事件も一件ありましたが、幸い怪我にまでは至らず、爆発物を使った事件でも、これによって怪我をした人はいませんでした。ただ、今思えば、これは不幸中の幸いで、ナイフや金槌、爆発物まで使っていたのですから、こちらに怪我までさせる意図がなくとも、どんな偶発的な出来事から被害者や周辺の人に怪我をさせたり悪くすれば命に関わるような事態にならないとも限らなかったわけで、本当に何ということをしたんだと後悔してもしきれません。

二　事件に至ったいきさつ

私と共犯Ｄは、最初の事件を起こす半年ほど前に、飲み屋のバイト仲間として知り合い、「パチスロ」に熱をあげていた私と共犯Ｄは意気投合し、急速に仲を深めていきました。

数カ月程のバイト生活で、私と共犯Ｄは飲み屋の仕事にやりがいを見いだせず、共に「パチスロ」に熱をあげておりましたから、常にお金を追い求めては失う、といった生活でもあり、そのような生活に嫌気が差し、バイトを辞め紆余曲折を経て、違法的なデートクラブを始めました。

この時に、共犯Ｄから一緒にやる仲間として、共犯Ｓを紹介され、三人で始めた違法デートクラブでしたが、あまりにもずさんな事業計画により、開店休業状態が続き、結果は惨憺たる様で、三人とも経済的困窮に陥りました。

焦りや不安を払拭するように酒を呷りながら今後の対策を三人で話しあっていた時に、私が、

「いっそのこと金持ちの家から（金を）奪っちまうか」
と冗談とも本気とも言えぬ調子で発した言葉によって、共犯Ｄと共犯Ｓの犯罪心を芽生えさせ、以後は犯罪計画の話し合いと変わり、犯罪への道を進むことになりました。

事件当時、私は〝心の病〟に陥っていました。その〝病〟とは、一言で言えば極端な〝拝金主義〟でした。

私は、幼い頃から事件を起こし始めた二十五歳までの体験から、〝人は裏切るものだが、お金は決して裏切らない〟、〝汚い金でも金は金だ〟という『信念』のようなものを持つようになり、恥ずかしいことですが『手っ取り早く金を得るため』に強盗や窃盗の罪を犯したのです。

三　私の生育歴と拝金主義の関係

（1）私が拝金主義に陥った理由

私は、小学生という人生の早い段階で父親不在からくる寂しさや悲しみ、兄たちとの比較によって生じる劣等感などの苦痛から逃れ軽減するために、自分を偽り生きるという選択をし習慣化させていきました。親や教師が優秀な兄たちと比べて出来の悪い私に、「あなたもやれば（兄たちのように）できる子」と言う重圧をかけ、これに耐えられなかった私は、やってもできない自分を認めたくない気持ちや、極度に失敗することを恐れて、〝一所懸命物事に取り組み努力することを『やらない』選択〟をしてその場を凌ぎ目先の安逸に浸り、自分の人生を能動的に生きることを放棄していきました。自分を偽り他人を欺き寄生しては、偽りの居場所を手に入れて寂しさや孤独感、虚しさや自己嫌悪をまぎらわせ、それでも募る承認欲求を満たしたいために、絶対的に信頼していたお金でこれを得ようとしたのです。

（2）私の生育歴

①　幼少から中学一年頃まで――父の不在、兄たちと比較されての劣等感

家族構成は、両親と兄二人、そして三男の私の五人でしたが、父は私が小学校低学年の頃に蒸発しており、以降は母と兄二人と私の四人、母子家庭に育ちました。父がいなくなったことで、母は忙しく働きに出るようになり、私が小学校から帰宅する時間に、母は家にほとんどいないため、炊事・洗濯などの家事全般を兄弟で分担して手伝うようになりました。ただ、兄たちが中学生になると部活で忙しくなり、必然的に家事手伝いは私の役割になりました。

父が家に帰ってこないという衝撃的な出来事について母は、「父ちゃんは仕事で出張中だから、しばらく帰ってこないよ」と私に説明しましたから、友達と家族や父の話になっても、母から聞

いた言葉をそのまま伝えて、平然と会話することができていたのですが、半年、一年と時間が経つに連れて、「お前の父ちゃん、いつ帰ってくんの」と友達に聞かれることが苦痛になっていきました。〝本当に父ちゃんは、家に帰ってくるのだろうか〟、と不安に駆られ、父がいないことを寂しく思う気持ちを誰にも伝えられずに、母の言葉を拠り所にして一人堪え忍んでいました。

「家族とどこそこに行き、父と何々した」という友達の話を聞いてはうらやみ、〝僕も父が帰ってきたら同じことをしよう〟と密かに思ってみたりして、それでも周囲の大人たちの言動などから、〝父はもう帰ってこない〟ことをうすうす感じてもいましたので、あきらめのような気持が芽生えることにもなりました。

結局、父と母が離婚していたという事実を知ることになるのは、私が中学一年生になってからで、それまでの間友達や叔父たちのいわゆる一般家庭との交流は、知らず知らずのうちに自らの家庭と比較する対象にもなっていきました。〝父がいれば……〟、母子四人でも手狭な団地で、自分の部屋もなく衣類も兄たちのお下がりを着ることも、稀にしかおやつがないことも、持っている玩具の数が少ないこともなかったはず……。

〝父がいれば……。父がいれば……。父がいれば……〟

私は、精神的にも未熟でしたので、父とはもう会えないという事実を受け容れることができず、〝父はいずれ帰ってくる〟という嘘を長らくついてきた母に対して憤りを覚え、父親のいる友達などの一般家庭での幸せそうな生活をうらやむあまり、父親のいない自分自身を恥ずかしく惨めに思い、劣等感にさいなまれました。また、父と母が離婚していた事実を私が知る以前に、兄二人が知っていたということに対して、〝何で僕だけのけ者にされるの〟と悲しく、〝できの悪い僕だから除け者にされたのだ〟と自己嫌悪に陥り、ますます劣等感を高めていくことになりました。

私は、常に兄たちと比べられ、兄たちのようになることを求められることが、嫌で嫌で仕方ありませんでしたから、兄たちが勉強を教えてくれても身を入れることができず、わかった振りをしてやり過ごしたり、何度も聞き返しては喧嘩になったり、それでも何とか兄たちに追いつきたいと思い、小学校の中学年頃から何度か母に学習塾などで勉強したいと願い出たのですが、お金に余裕がないという家の事情もあって、「お兄ちゃんたちだって塾に通っていないでしょ」と一蹴されたことは、拝金主義的な生き方に傾倒していく一因ともなりました。

②　拝金主義的な生き方の原因・加害行為と被害体験

私には、友達のように月々決まったお金をもらえる〝お小遣い制度〟がなく、学校で使用する鉛筆や消しゴム、ノートや絵の具などの兄たちのお下がりで対応できない消耗品類の必要な物を購入する際に少し多めに母からお金をもらい、その残りの十円・二十円を自分のものにしては、近所の駄菓子屋へ行っていました。このような釣り銭をお小遣いにしても、月に百円にも満たないものでしたから、お金がないという惨めさや友達をうらやむ気持ちは膨れ上がる一方でした。

ある時、駄菓子屋の前で一人の同級生が大勢の友達に囲まれて、その友達一人ひとりに自宅から盗んできたお金を配る姿を目の当たりにしました。私は最初、この友達の輪に加わることを何か悪いことのように後ろめたい気持ちから、ためらっていましたが、悪びれる様子もなく楽しそうに買い食いする友達の姿に感化され、同級生からお金をもらって買い食いすることが新たな幸せとなっていきました。

また、お金を配っていた同級生も毎日自宅からお金を盗めるはずはなく、それでも頻繁に百円から千円という額を一度に私はもらっていましたから、金銭感覚は狂い、私自身も母からお金を盗むようになりましたし、同級生がお金を持っていない時には、あからさまに不満気な態度をとり、一緒に遊ぶこともしないで別の場所に行ってしまう友達も多く、子どもながらにお金の持つ魔力を垣間見たように思います。

私の被害体験として、小学校の高学年の時に、中学生らしき一人の男性に「お金貸して」と声を掛けられ、その横柄で威圧的な態度にはただただ恐ろしく身の危険を感じ、足がすくんで動けない状態でしたが、傍らに友達がいたため、「お金持ってないです」と平然とした振りで答えた矢先、男性に胸ぐらをつかまれ凄《すご》まれました。このカツアゲ事件の時は、ちょうどお年玉をもらったばかりで、年に一度しかない高額商品を購入できる機会のために、奪われた金額は大きかったのですが、〝カツアゲに遭ったことが恥ずかしい〟という気持ちが強く、誰にも言えませんでした。

③　中学校での体罰体験による人間不信、そしてフリーターになるまでの日々

私は、小学生の頃に唯一の習い事として地元の少年野球団に所属し、毎週日曜日に練習や試合に参加していたことから、中学生になって野球部に入部し、野球三昧の日々を送りました。体育会系の超がつくほどの上下関係の厳しい縦社会に加えて、現在では考えられないほどの教諭監督による体罰・暴力行為と先輩たちからの鉄拳制裁には、礼儀作法を身につけることができたという良い面と、教諭や先輩達の気分次第で、暴力行為をされても容認されてしまう理不尽さを口に出して言えない環境という悪い面を受け入れながら、何とか三年間続けることができました。

学級内では、持ち前の社交的な面が活きて、男女分け隔てすることなく仲良くする一方で、わがままでいたずらっ子な面も健在で、周囲にちょっかいを出しては喧嘩したり教諭に叱られるといった騒がしい少年でしたが、ある悪ふざけがきっかけで、暗くおとなしい少年へと変わっていきました。

それは、中学二年生になってはじめての試験の時でした。私は相変わらず勉強ができない少年でしたから、さっぱりわからず空欄を埋めるにも埋められる程の知識もないため、試験終了まで余りある時間を潰そうと担任教諭の似顔絵を描いては隣に座る女子に見せて笑わせるといった行

為を繰り返していました。ところが、それが監視の教諭に見つかってしまい、職員室に呼び出されることになってしまいました。

教諭は開口一番「なぜ、答案用紙に担任教諭の似顔絵なんかを描いたのか」と聞きました。私は、鬼のような形相の教諭に〝時間潰しのため〟などと本音を言える度胸はなく、押し黙って立っていると、再び教諭が「なぜ、試験中に答案用紙を他の者に見せたりしたのか」と聞くので、「すいませんでした」と答えました。その瞬間、教諭から平手で頬を何度も強打され、ただただ泣くばかりでした。教諭は「謝るなら最初からするな」と言いながら、更に腹部などに手拳や蹴りといった体罰を繰り返し行いました。

一緒にいた女子生徒が、私をかばい取りなそうとしたのですが、「お前も同罪なんだぞ、わかってるのか」と怒鳴りながら、女子生徒の頬も何度か平手で打ちました。〝やめろ、その子は悪くないのに、何で殴るんだ〟、私は心の中でそう叫ぶことしかできず、彼女のような振る舞いもできずに、恐怖のあまり傍観を決め込む有様でした。

この時に流した涙は、身体的苦痛によるもののほかに、〝少し悪ふざけが過ぎただけなのに〟と、行き過ぎた体罰に憤りながらも抗議できない悔しさと不甲斐なさ、女子の前で泣きじゃくった羞恥心、女子をかばえなかった情けなさ卑劣さなど、自己批判し自己否定によるものでしたから、私の自尊感情は低くなり、以後、卑屈な生活を送ることになります。

また、同じ時期より野球部監督でもある体育教諭の私に対する体罰も日常化していきました。「野球部員たる者、ほかの生徒の範となるよう務めること」という不文律が存在していたこともあって、校則に違反する行為、例えば学生帽をかぶらないといった些細なことで怒鳴られ張り手をもらうといった具合でした。部活中に弛んでいると言われて張り倒され他校との試合中でも投げ倒されたりするのは私の『役目』となりました。

こうした体罰、暴力行為によって私の人に対する恐怖心や不信感は高まり、私は、ごく少数の者としか関係しない控えめで暗い人間に変貌を遂げていきました。対人恐怖症に陥りかけ、上辺を装い卑屈な自分を嫌いながらも、ごく少数の友達がいたおかげで、かろうじて中学校生活を乗り切り、市内の県立高校へ進学しました。

高校入学と同時にアルバイトを始めて、月に八万円程を稼ぎ、家に少しお金を入れたり、趣味の音楽や友人・恋人との交際費などに充てたり、自由にお金を使える喜びや幸せを感じすぎて学校を休むことが増え、一学年の二学期末には出席日数不足になり、留年か退学かの選択を迫られることになりました。

私は、この頃すでに周囲の目を過度に気にして、他者との比較なしではもはや自己の価値すら認め定めることが困難でしたから、年下の子たちと肩を並べてもう一年やり直すという屈辱的な留年の道を選ぶことはできず、学歴への未練は残りましたが、退学して働く道を選びました。

この選択は、後に私が学歴偏重社会を一方的に恨み、拝金主義的な生き方に拍車をかけることに繋がっていきます。

④　遊びほうける日々、二十歳で結婚したものの……

私は、高校を中退すると同時にアルバイトも辞め、次兄の紹介で飲食店に就職しましたが、長時間労働に加えて安い賃金に耐えられず、一年足らずで辞めてから不良仲間と遊ぶようになり、喫煙や飲酒、万引きや不純異性交遊をしたり、駅前でたむろしたり、改造バイクを乗り回し深夜徘徊したりと非行に走り、遊びほうける生活が始まりました。

私は、ほかの不良仲間とは異なり、日中は仕事もせず学校にも通わず家に引きこもっていましたから、遊ぶ金に窮していて、たびたび仲間から借金をして一万円程に膨らむと日雇いの仕事を二、三日しては返済するといったことを繰り返していたことや、遊ぶことが純粋に楽しい、居場所的なものを失いたくないとの思いから、仲間からの誘いを断りきれなかったのでした。

そうした中で、ある日、遊ぶ約束をしていたのに私が連絡を怠り、約束を破ったという些細なことで、夜の野原で仲間三人に囲まれ殴られ蹴られ、火の玉が出る二十連発といった手持ち花火で何度も狙い撃ちされるリンチを受けました。後に私が故意に約束を破ったわけではないことを仲間が知ることになり和解にいたるのですが、弁解の余地もなく一方的に仲間から暴行されたことによる悲しみや悔しさ、恐怖や恨みといった精神的に受けた傷は思いのほか深く、激しい苦痛に襲われ続けて、私は絶望的なまでに対人恐怖・人間不信を抱いて、平気で人を裏切り傷つける生活を送ることになります。

また女性にお金を貸したり、携帯電話を貸したりしては、返済されることなく行方知れずになられるといった裏切り行為に何度かあう体験もしたことから、〝人間関係は、裏切り合い・化かし合いなんだなあ……〟と、自分が傷つかないような生き方を模索してもいきます。

私は何もかも嫌になって、地元を離れて一人暮らしをしていた幼馴染の家に転がり込み、寄生しては不純異性交遊を繰り返し、お金を借りたり貰ったりしてパチンコ・パチスロなどのギャンブルに熱を上げる生活をするようになりました。基本的に寄生する生き方は、犯罪をおかす前の生活にも当てはまり、抜け出すことができなかったことも罪を犯すに至った一要因であることは間違いありません。

二十歳になって、私は結婚して一男をもうけて父親になり、就職するものの三カ月で離職してしまい、妻子は妻の実家で生活し、実質的な結婚生活をしないままに借金を重ね、女性関係を清算できず、それでも息子には私と同じようなつらい寂しい思いはさせたくないと、離婚だけはしないよう努めたのですが三年弱で離婚することになりました。

⑤　犯罪をおかす前の生活ぶりや生き方

私は、誰かに寄生して自堕落な日々を送りながらも、〝もう嘘や偽りを続けるのも疲れた〟という思いがあり、就職活動に勤しみました。少年時代には、年齢や学歴などを詐称しても露見したことはなく、面接で落ちた経験もなかったので、何度も面接で失敗し落とされ続ける日々に、屈辱感や焦りは募るばかりでした。

仕方なく学歴を詐称し運よく採用されたのですが、「うちに君は合わないみたいだから」と、勤めて十日もしないうちに解雇となり、〝嘘がばれたんだなあ〟と学歴偏重社会を嘆き恨み呪い、憤りを酒でごまかしながら、〝俺にはもう、まともな仕事に就く機会さえないのだ〟とひがみ、完全に就職活動をあきらめてしまいました。

〝残された道は自分で何か商売をするしかないな……〟と思いながらも現実には先立つものがなく、寄生してパチスロに熱を上げ酒に溺れるといったその日暮らしがやっとでしたから、相変わらずの自堕落な日々を送っていました。

このような日々もだんだんと金銭的にも精神的にも窮してきて、消費者金融でお金を借りようにも返済が滞っていてどこにも相手にされず、ヤミ金融に手を出しては長兄に尻を拭ってもらったり、高級ブランド品の鞄や財布などを質に入れてはパチスロ代に消える、酒代に消えるといった具合で、そんな時に高収入をうたった飲み屋のバイトで共犯者のDと出会い、一発逆転を狙い一緒に商売を始めることになったのです。

商売を始めるにあたり、共犯者Dから条件が出され、それは「当面の事業資金と人材は用意してほしい」というものでした。私は了解したのですが、十分な資金と人材を用意することができず、見切り発車で商売を始め、失敗することになります。

⑥　初めて犯罪をおかした時の動機・きっかけ

端的に言ってしまえば、その日の暮らしも危うい程に困窮し、開店休業状態の商売を再開させなければとの焦りから、手っ取り早くお金を得る方法として、共犯者たちに酒の席で私が「お金持ってるところから奪っちまうか」と酔いにまかせて提案したことがきっかけでした。

私たちが商売の拠点としていた所は、私の地元の近くであったところから、空き巣に入る場所を私が決めることになりました。私は冗談半分に空き巣の提案をしましたから、いざその対象を決めるとなると思案に暮れ、ようやく思いついたのが、小学校時代に自分の家から盗んできたお金を不良の友達に配っていた同級生の家でした。私は彼に対して何の恨みもありませんでしたが、お金に不自由していない生活ぶりをうらやんでいましたし、〝汚い金でも金は金だ〟と教えてくれたのは彼だと一方的に思い込んでいましたから、〝金を盗んで生活している奴から金を盗むのだから問題はない〟と自身の犯罪行為を正当化して犯行に及ぶことになります。

このように思っていましたから、被害者である彼が空き巣に入られたことによる精神的な苦痛やその後の日常生活に及ぼす悪影響などの被害について思いを致すことはありませんでした。また、自分の家族など親しい人に迷惑をかけてしまうのではないかと考えもしましたが、〝ばれなきゃ大丈夫〟〝絶対にばれない〟という根拠のない自信によって打ち消したのでした。

この空き巣は、お金を盗むことができずに結果として徒労に終わり、商売の失敗を挽回して再起を図ることも叶わず、私は肩身が狭くなるばかりでした。

しばらくして共犯者Dが「いつも大金を持ち歩いている自営業者の知人がいる」との話をして、起訴された中では最初の事件となる押し入り強盗を行いました。〝お金を持っているのだから、少しぐらい問題ないだろう〟と、これまたわけのわからない道理で犯罪行為を正当化し、被害者に対しては〝怪我だけはさせないようにしよう〟という思いしかなく、強盗に遭うことによる被害者の被害の実情については〝少しお金が減るだけ〟としか思わず、とにかくお金を手に入れて生活を立て直さなければという一心で自分のことだけを考えていました。

この押し入り強盗では一人当たり数十万円を手にすることができたのですが、〝成功した〟という興奮と捕まらなかったという安堵感などから豪遊し、一週間足らずで犯行前のような困窮状態に戻り、以後もこのようなことを繰り返していくことになります。

山田からＡＫＩＲＡへの感想の手紙――育つ環境と〝拝金主義〟のこと

他人には話しにくいご自身の生育歴や罪を犯すに至った経緯を詳しく打ち明けてくださって、ありがとうございました。

非行や犯罪の背景に家庭環境――ネグレクトを含む児童虐待――や被害体験があることが多いことは良く知られているところですが、ＡＫＩＲＡさんの場合も、お父様の不在という喪失感や地域の年上の少年や教師・先輩から受けた暴力や体罰などを経験しておられたのですね。

私が少年院内での「被害者の視点を取り入れた教育」で出会う少年たちの中にも、幼い頃に父母から見捨てられ祖母に育てられた少年や事あるごとに親から暴力を振るわれた少年、学校でいじめに遭ったり教師に体罰を振るわれたりして疎外された少年などがたくさんいます。もちろん、そういう環境に置かれた子どものすべてが非行や犯罪に至るわけではありませんが、非行・犯罪という形に現れない場合でも、不登校やひきこもりになったり、心に傷を抱え人間不信に陥りながら〝生きづらさ〟を抱えたまま四十代五十代になってもそれを引きずっている人も多いのです。

似たような環境に育ちながら、犯罪や不登校・ひきこもりなどに陥らずに成長できた人は、きっとＡＫＩＲＡさんの場合の奈良少年刑務所のように、どこかで自己肯定感や人への信頼を持たせてくれる別の環境や別の人との出会いがあったのでしょうね。

対話の会のスタッフたちは、自分たちの活動が受刑者や少年院在院者にとって、少しでもそんな出会いに近づければ……という思いで彼らと向き合っています。少年院での教育に参加した少年の中には、出院する時に対話の会のスタッフ宛てに手紙を残してくれ、そこに「世の中に、僕たちのような社会からはじかれた人間にこんなにも真剣に向き合ってくれる大人がいるなんて、思いもしませんでした。僕は、この授業に出て本当に良かったと思います」といったことを書いてくれる少年もいて、どんな表彰状よりも嬉しい宝物になっています。

――拝金主義のこと

ＡＫＩＲＡさんが持っておられたという「拝金主義」は、少年院での教育でも大きな課題です。幼い頃の貧困の経験から「お金さえあれば！」という強い気持ちを持つようになり、不良交友や犯罪によって分不相応な程のお金が手に入る経験をし、さらに不良交友の仲間内で多額のお金を持ち後輩などにおごったりできる者が尊重される経験を経て、「お金が全てだ。お金さえあれば、他人から認められるんだ」という拝金主義に陥ってしまうのです。

私たちスタッフは、全七回、七カ月間のプログラムの内容を工夫し、何とか彼らが拝金主義から脱してくれるよう努力しています。しかし、たった一カ月に一回の授業でこれを成し遂げるのは、容易なことではありません。ただ、こんなこともありました。

第一回の授業から「世の中、金だよ。金が全てだよ」と豪語してはばからなかった少年がいました。この少年が〝変わって〟くれることを念じて、毎回、授業内容を工夫して第六回を迎えましたが、少年は相変わらずでした。授業の終わりを間近にして、スタッフが熱心に取り組み過ぎたせいか、むしろスタッフに反発しているようにすら見えました。ところが、最終回である第七回の授業に来た彼は、別人のように晴れやかな表情をしていました。そして、「山田さん、俺、もう吹っ切れたよ。俺には金より大事な物がある。社会に出たら、この大事な物を守るために全力を尽くして生きていく」と言ったのです。

いったいどうしたのだろうと驚いた私たちが教官に聞いてみると、彼はこの一カ月の間に悲しい出来事に出合い、やる気をなくして問題行動を起こし、独りで内省するよう指導されたりしたとのことでした。ただ、その内省の時間の中で、第六回でスタッフが熱心に説いた言葉や自分の家庭環境、社会復帰後の生き方などを真剣に考え、その考えが熟成したのでしょう。その結果が、第七回での彼の表情や言葉だったと思われます。第六回で反発しているように見えた彼の態度も、思い直してみれば、それほどスタッフの言葉が彼の心に楔《くさび》のように突き刺さった現れだったのかもしれません。

「人は変われる」、「真剣に向き合ってくれる周囲の人間やその人を受け入れ、見捨てない環境さえあれば、きっと変われる」と改めて確信できた出来事でした。

あなたの経験から、受刑者にとっての修復的司法について、どのようなお考えをお持ちになりましたか。

VI 受刑者として刑務所処遇に望むこと

ＡＫＩＲＡから山田への回答の手紙――本音で語れる人と場の存在

一　私自身の経験から修復的司法に思うこと

私は、自身の犯した罪によって多くの方々を傷つけてしまったことを悔いて反省し、服役する中で被害者への「つぐない」とはいかなることなのか模索してきました。

現状の受刑者処遇においては事件被害者との直接的なやりとりを差し控えさせる指導が原則として行われており、ずっと疑問に思ってきました。

当然、被害者それぞれが様々な感情や思いを抱き異なる価値観を持っておられるわけですから、加害者とは一切の関係を持ちたくないと思われている被害者の擁護のために先の指導がなされても仕方がないのかもしれません。

しかしながら、逆に加害者からの謝罪・弁償を待ち望む被害者にとっては、怒りや憎しみを募らせることにつながり、結果的に新たなる精神的苦痛を与えてしまう被害を生み出していることは、決して看過できる問題ではありません。

実際に私は、被害者への謝罪・弁償を通していろいろな被害者の思いを知ることができました。また、財産的被害を受けた経験のある篤志面接委員の方々との面接や犯罪被害者について書かれている本などを通して、多くの方々が謝罪・弁償を望んでいることを知ることができました。

このようなことから、被害者の種々の被害回復と加害者の更生には双方が係わり合うことが必要なのではないかと考えるようになりました。被害者と加害者の対話を基にした修復的司法の重要性は今後ますます高まり、官側への積極的な参加を要望する声も強まってくるでしょう。

しかし、受刑者の多くは修復的司法の考え方はもちろん、その活動さえ知らないのが実情でありますから、まずは周知徹底をはかり、情報提供を行うことが喫緊の課題であると認識しております。

二　修復的司法について書かれた文献を読んで感じたこと

私が注目したのは、ハワード・ゼア氏の書籍（『修復的司法とは何か』新泉社、二〇〇三年）の中の、

「被害者も加害者も癒されなければならず、そのためには赦し・告白・懺悔・そして和解のための機会が必要になる。」（五八頁）

そして、修復的司法は、強制的に両者（被害者と加害者）の謝罪と赦しの交換を促すものではなく、まず声を聞くことに、その目的がある。（二七五頁）という部分であります。

また、この声を聞くということの重要性については、ミネソタ大学修復的司法調停センターの指針（細井洋子ほか編『修復的司法の総合的研究』風間書房、二〇〇六年、二〇頁）の中でも、「被害者・加害者調停における和解は、実際には弁償についての合意で終了することが多いが、〝解決指向〟ではなく、〝対話指向〟であるべきだ。」（一一二頁）として、合意を目的とするのではなく、対話の内容の重要性、つまり声に耳を傾けることが大切であると述べられております。

私たちは押し並べて、被害者の怒りや憎しみ、激しい憤りと復讐心からくる表層的な感情のみに目を奪われて、あたかもこれらの処罰感情を満たしてあげることが正義であり、被害者のためになると信じているきらいがあるように存じます。

このことはまた、ハワード・ゼア氏の書籍（前掲『修復的司法とは何か』）の中でも、「被害者を真剣に受けとめないがために、恐れ・疑い・怒り・自責の念といった厄介な感情を芽生えさせる。それはしつこく続き、おそらく復讐の要求へとふくらんでいくであろう。」（三七頁）として、正義の体験の重要性を説いておりますが、被害者に限らず全ての人に言えるものではないかとも存じます。

被害者遺族のバド・ウエルチ氏は、娘が生前に遺した、「お父さん、大人がやっていることって、どれもみんな子どもたちに、憎悪を教えることだね。」（ハワード・ゼア編『犯罪被害の体験をこえて』現代人文社、二〇〇六年 五九頁）と死刑執行に対する言葉を思い出して、犯人への処罰感情を「それは復讐と憎悪であり、事件の理由も全く同じ復讐と憎悪であることだと分かりました。」（前同六〇頁）と述べております。

またある殺人被害者の父親の言葉として、「私たちは、あたかも死刑を求めているかのように聞こえるかもしれない。本当は、そうじゃない……。でも、他にどう言えばいいんですか。」（前掲『修復的司法とは何か』一九四頁）を紹介しつつ、「殺人被害者の遺族の方々が、悲しみや苦しみや憤りを表す方法として、血の叫び以上の究極的な言葉はないでしょう。だからと言って、殺人犯を処刑する目標に向かって積極策を立てることになるかどうかは、また別な措置が要ります。」（前掲『修復的司法とは何か』一九四頁）として、応報感情を満たすための刑罰は、「被害者が突き落とされたレベルまで、加害者のレベルを落とすことによって、バランスを回復する試みである。」（前同一九五頁）と指摘しております。

つまるところ、〝被害者の加害者化〟を懸念し、被害者の癒し、被害の回復、事態の健全化といった修復のために策を立てるよう示唆しているものと存じます。

このように、被害者の声に耳を傾けるということは、〝血の叫び〟の奥にある真の声を聴くことでありますが、「私たちが他人の暴力行為の経験を聞くとき、いわゆる『代理被害者化』のために同様の感覚に陥りやすい、脆弱性を持っている。この脆弱性を避けるために、私たちはたいてい聞かないふりをするのだ。そして私たちは、被害者に起こったことに対して被害者を責める。」（ハワード・ゼア『犯罪被害の体験をこえて』現代人文社、二頁）として、事の難しさを指摘しつつ、これらの自己防衛と固定観念を打破することで、事実を理解し受け容れられるようになるのだと、ハワード・ゼア氏は述べております。

またゲリー・ジョンストン氏は、被害感情の所在を無視して、司法が一方的に対策を少年に限定するなど、修復的考え方や技術を、公式な刑事司法に断片的に組み込む政策について、修復的司法の破滅的な最期をもたらすと批判しており（ゲリー・ジョンストン『修復的司法の根本を問う』成文堂、二〇〇六年第八章）、駿河台大学法学部准教授長谷川裕寿氏は、「殺人事例をＲＪの躓きの石とすることは許されない。」（細井洋子ほか編『修復的正義の今日・明日』成文堂、二〇一〇年九二頁）として、いわゆる重大犯罪をも含む、すべての犯罪を対象とするものでなければならないとも指摘しております。

ハワード・ゼア氏はまた、「誰が傷つけられたのか、彼らは何を必要としているのか。」など、真の正義は私たちが被害者から始めることを求める、として、先にも書きましたが、つまり被害者の声に耳を傾けることから、すべては始まる、とRJの重要な原則の一つを説いております（前掲『犯罪被害の体験をこえて』二〇三頁）。

ジョン・ブレイスウェイト氏が修復的司法について、「受動的なものから能動的なものへと、責任の重心を転換させようとするもの。」と述べられているように（前掲『修復的司法の総合的研究』三四頁）、自らの犯した罪によって引き起こされた害悪の程度、被害者に与えてしまった被害の大きさ・影響、そしてそれらに対する自身の責任について自覚するには、第三者から与えられる刑罰という苦痛からは決して成し得ることはできないと、私は経験的に知っております。

このことはまた、「被害者に対してどういう気持ちであるかについては、〝精神的なショックを与えた〟と思っているものが多く、実質的な生活上の影響はあまり思い浮かべていないようである。」という受刑者調査の結果からも明らかであり（前同三六五頁）、被害者の声に耳を傾けなければ、その複雑な心情や壊された生活環境などを、自らのこととして捉え感じ慮れないことを示唆しております。

私が受刑中に被害者へ謝罪・弁償を行い、被害者の心情に触れ、その声に耳を傾けることができたのは、施設内における教育的処遇・指導などによるところが大きく、何より〝本音で語れる人と場〟の存在のおかげでありますから、受刑者が被害者の声を聴くためには、受刑者の声に耳を傾けてくれる、いわゆる〝前向きな援助者〟の存在が不可欠であることは間違いないと存じます。

修復的司法が、被害者・加害者・地域社会の人々が自分たちの力で、それぞれの役割・責任において犯罪という害悪に対処し、修復をはかるものであるならば、被害者支援も加害者支援も現状の対立的な関係からの脱却が急務であると存じます。

また、いわゆる一般の人たちと同じく、被害者・加害者もそれぞれ性格も違えば異なる価値観などを有する〝一人の人間〟でありますから、地域社会の人々は紋切り型の被害者像・加害者像でもって当事者と関わるのではなく〝ひとりの人間〟として当事者一人一人と関わっていくことにより、新たな犯罪を防ぎ、被害の回復・事態の健全化が促され、被害者も加害者も新たな物語を創造し生きていけるのだということを当事者として伝えていかなければならないと強く念じた次第であります。

新たな正義の到来を期して、最期にハワード・ゼア氏の言葉で、筆を置きたいと存じます。

「犯罪は、国家に対する侵害行為であり、司法は罪責の確定及び苦痛の執行からなり、規則に基づいた闘争の形をとる。」「このような前提に疑問を抱くようにならなければ、何を提案したところで、ほとんど何も変わりはしない。」（前掲『修復的司法とは何か』八七頁）

Ⅶ

これからの自分の生き方

山田からＡＫＩＲＡへの質問の手紙

ＡＫＩＲＡさんが刑期を終え社会に復帰される日もそう遠いことではなくなりました。今、ＡＫＩＲＡさんは社会に出たらどんな生活をしたいと思っておられますか。

ＡＫＩＲＡから山田への回答の手紙

実は私、常々受刑中の身でおこがましいとは思いつつも、被害者からいただいた手紙を読み返しては犯した罪を悔い恥じ入り、当事者たる私にしかできない果たすべき社会的使命があるはずと考えていました。

そして、自分自身の体験から、刑務所の職員や多くの受刑者に被害者とつながることが双方の立ち直りに有効だと思うと話してきましたが、私自身の知識不足もあって、なかなか理解は得られませんでした。

そんな中、山田先生と手紙のやり取りをする機会を得、山田先生から「修復的司法について自分自身の人生や体験に照らして語ることは社会的に大きな価値がある」とのお言葉をいただき、私自身の使命を再自覚致しました。

真の被害者・加害者の実態が広く社会に知られることは双方の対話の必要性、つまり修復的司法の実践の必要性が広く社会に認められていくことでもあると考えます。その一端として、私が加害者として自分自身の人生や体験を語ることに価値があるのならば、こんなに嬉しいことはありません。

私は、社会復帰できたら、もっともっと修復的司法について学び、微力ではありますが、その実践を広める活動のお手伝いをしたいと考えています。

Ⅷ

修復的司法と被害者加害者対話

山田由紀子

ここで、修復的司法と対話の会について、改めて説明をしておきましょう。

一　修復的司法とは

現代において修復的司法と呼ばれるものの端緒は、一九七四年にカナダのオンタリオ州キッチナーで保護観察官が少年事件について行った「被害者と加害者の和解（Victim-Offender Mediation）」だと言われています。しかし、修復的司法は、むしろ太古から諸国の先住民が実践してきた紛争解決手段であり、近代刑事司法・民事司法の確立によって埋もれてしまったその手法が一九七〇年代以降に再認識再評価されて世界各国に広まったものと言えます。たとえば、ニュージーランドでは、既存の少年司法手続きが先住民マオイ族については適合し難い実情を受けて、一九八九年にマオイ族の伝統を尊重した修復的司法に基づく家族集団会議（Family Group Conference）が法制化されました。

修復的司法の定義については、二つの立場があります。純粋論者（ピュアリスト、purist）は、「修復的司法とは、特定の犯罪に利害関係を有する全ての者が集まり、共同して、その犯罪の結果（the aftermath of the offence）及びその将来における潜在的影響（implications）をどのように扱うかについて決定する一つの過程（process）である」とします。（Marshall,1996）（染田恵、成文堂、二〇〇六年『犯罪者の社会内処遇の探求―処遇の多様化と修復的司法―』三七二・三七三頁）、他方、最大化論者（マキシマリスト、maximalist）は、「修復的司法とは、犯罪によって生じた害悪を回復する（repairing the harm）ことによって、正義を実現することを目的とした全ての活動（every action）をいう」とします。（同上）。「前者は、①特定の犯罪に利害関係のある被害者、犯罪者、地域社会の構成員という三者が直接面談して、②彼ら自ら解決策を決定することを不可欠の要件と考えるのに対し、後者は、修復的結論を導き出す過程を重視せず、結果において修復的要素が含まれていれば足りるとして、修復的制裁（restorative sanctions, 被害者への賠償や社会奉仕命令に基づく活動など）という概念を肯定します。（同上）。

私は理論家でも研究者でもなく、もともと市井の一弁護士だった者であり、その弁護士経験の中で既存の刑事・民事司法に問題点を感じていたところに修復的司法と出逢い、ＮＰＯ活動としてその実践をしてきた者です。したがって、特に定義について論じ得る立場にはありませんが、私の実践はほぼ純粋論の前記①②の特色を持つものとご理解いただいてよいと思います。私は日頃、講演等で一般市民の方に修復的司法をご理解いただくために、次のように説明しています。

修復的司法の特徴を、既存の刑事司法と比較すると、既存の刑事司法が〈犯罪を国家の決めた法を犯すことととらえ、国家が犯罪をおかした人を処罰するのが刑事裁判、つまり犯罪に対して国家対被告人という関係で対応するもの〉であるのに対して、修復的司法は〈犯罪を地域社会の中に起きた害悪ととらえ、この害悪に対して被害者・加害者・地域の人々が自分たちの力で埋め合わせするという対応をするもの〉です。イメージとしては、地域の通学路や生活道路に大きな陥没ができてしまったとき、その工事を国や自治体任せにするのではなく、加害者・被害者・地域の人々が自分たちの安心・安全な生活を回復するために協力して埋め合わせようとするのが修復的司法と言ってよいでしょう。

二　ＮＰＯ法人対話の会が実践してきた被害者加害者対話

千葉県にあるＮＰＯ法人対話の会は、二〇〇一年から少年事件を中心に被害者と加害少年の修復的対話を取り結ぶ活動を行ってきました。

対話の会で中心的に組織を運営しているのは、家庭裁判所の元調停委員や弁護士、研究者などですが、実際の対話を取り結ぶ「進行役（facilitator）」は、研修を受けた市民ボランティアです。対話の会では、これまでに八十六件の申し込みを受け、内三十二件で実際に被害者と加害者が会って話し合う修復的対話（「対話の会」）が成立しました。その内訳は、殺人未遂・傷害致死などの重いケースから窃盗などの比較的軽いケース、あるいは強制わいせつなど、一般の人には対話が想像し難いケースなどさまざまです。「対話の会」が開けなかったケースでも、間接的に加害者の謝罪の気持ちが被害者に伝わり、被害者の被害の実情が加害者に伝わることで、双方にとってプラスになる影響がもたらされています。

被害者加害者対話は、次のように進めます。

① 申し込み

被害者、加害者、各々の家族、代理人弁護士など、誰からでもメールや電話で簡単に申し込むことができます。ただし、犯罪の成立について争いがないことが前提となります。「対話の会」は事実認定をする場ではなく話し合いをする場であり、事実に争いがある場合は司法に委ねるべきだからです。費用はまったく無料です。司法手続き等のどの段階にあるかを問わず、警察に通報されていない段階から刑事裁判の判決前・判決後・受刑中・受刑後まで、いつでも申し込むことができます。

②　参加の任意性

申込みがあっても、相手方が「対話の会」に参加するかどうかは、あくまで任意です。相手方が「対話の会」への参加に拒否的な場合はもちろん、相手方自身が参加の必要性（ニーズ）がないと言う場合、たとえば既に刑事裁判時に弁護人を通して謝罪と被害弁償を受けており現時点では本人に改めて直接謝罪する意思があることを知っただけで十分というような場合も、「対話の会」の手続きは進められません。

③　「対話の会」の準備

ケースの申し込みがあると、ＮＰＯ内の運営センターが進行役二名を選任します。進行役は、まず申込者側と会って、事件の内容や対話に何を求めているのか（ニーズ）を十分聞き取り、対話への適格性を判断します。適格性とは、加害者側については、事件に対する反省や被害者に対する謝罪・償いの気持ちがあること、被害者側については、事実を知りたい、謝罪や被害弁償を受けたいなどのニーズがあり、加害者側の話しを聞こうとする姿勢があることで、双方ともに相手の人格を尊重して話し合えることです。

申込者に適格性があると判断できたら、次に相手方に手紙を出します。手紙では、申込者が対話の申し込みをした趣旨を書き、対話の会のパンフレットを同封して「対話の会」の目的や進め方を説明した上で、事件によるダメッジの修復と被害者加害者双方の立ち直りのために「対話の会」に参加していただきたいとお願いします。

相手方が手紙を読み参加について考える時間がとれた頃を見計らって、進行役から相手方に電話し、参加するかどうか決めるために一度会っていただきたいとお願いします。相手方との面談では、対話の目的・意義などを十分に説明した上で、相手方の話しを十分に聞き、相手方にとっても「対話の会」に参加するニーズがあるか、適格性があるかを判断し、これがあると判断した場合には参加を勧めます。

相手方が参加すると決断してくれた場合は、以後、申込者との事前面談・相手方との事前面談を繰り返し、両当事者の事情や気持ちを十分把握し、必要な情報を他方に伝え、修復への課題があればこれを乗り越えるなどの準備をします。こうして、実際双方が顔を合わせる「対話の会」を開くことが双方の立ち直りにプラスになると確信できた時点で「対話の会」を開きます。

④ 「対話の会」の参加者

「対話の会」には、被害者と加害者のみならず、その家族や支援者なども参加することができます。一方の当事者が希望する参加者については、他方の当事者の同意が必要です。当事者以外の参加者についても、進行役は事前面談をして当事者と同じようにニーズや適格性を判断します。

⑤「対話の会」の進め方

「対話の会」では、それまで準備を重ね両当事者との信頼関係を築いてきた進行役二名が司会を務めます。

・第一段階……各参加者が犯罪での自分の体験、犯罪によって受けた影響を話す時間。被害者は、被害にあったときどれだけ怖かったか、事件後もその影響にどれだけ苦しんでいるかなどを話し、加害者は自分がなぜその犯罪をおかしてしまったのか、今その犯罪についてどう思っているかなどを話します。ここで「自分の体験を話す」というルールにしたがって話すことは、対話が相手の人格を尊重したものとなり、かつ相手の立場を理解するものとなるために非常に重要な意味を持っています。仮にこのようなプログラムの介在なしに被害者と加害者が会えば、そこでの会話は、被害者が加害者を責め、加害者はただ謝ったりうなだれたりするものになりがちです。被害者の気持ちとしてはもっともなことですが、このような会話では、被害の実情が加害者に伝わらず、加害者を真の反省に導くことは困難です。また被害者の事実を知りたいというニーズに加害者が素直に応じることも困難です。これに対して、被害者が自分の体験として被害の実情を語る場合は、加害者は素直にこれを聞き、今まで自分が知らなかった被害の大きさに気づき、心の底から「申し訳ない」という気持が湧き出てきて、真の謝罪をすることができるようになるのです。また、加害者が体験として犯罪に至った経緯や逮捕されて以後どのように反省を深めてきたかなどを語ることは、単なる弁解ではない事実として被害者に受けとめられ、被害者の恐怖心や人間不信を払拭する結果をもたらします。

・第二段階……質問と答えの時間。多くの被害者は、「どうして自分が襲われたのか」、「警察に通報したことで、加害者が自分を逆恨みしているのではないか」などの疑問や不安をもっており、これを加害者に直接尋ねることができます。加害者からも、被害の実情や後遺症、家族への影響などについてさらに詳しく質問したり、自分がどんなことをすれば被害者への償いになるのかなどを直接尋ねることができます。

・第三段階……被害の回復や加害者の更生のために何ができるか話し合う時間。金銭的な賠償に限らず、たとえば被害者に定期的に手紙を書く、ボランティア活動をするなど、当事者のニーズや要望に沿い加害者にとって実行可能な償い方法が考え出されます。既存の刑事司法や民事司法における償い方法は、ほぼ刑罰と金銭賠償に限られていますが、ここでは参加者の創意工夫によって、そのケースと当事者に最も相応しい方法が柔軟かつ自由に考え出され、それが生かされます。そして加害者は、上から押しつけられた償いではなく、自ら積極的に提案し選び取った償いをすることに責任感と達成感を感じることができ、これが立ち直りへの大きな自信に繋がるのです。
・第四段階……話し合いが合意に達した場合、進行役はその内容を文書にまとめ、これを読み上げて参加者に確認し、合意文書として各参加者の署名をもらってコピーを渡します。ただし、「対話の会」はお互いを理解するプロセスにこそ重要な意義があり、合意そのものを目的とするものではありませんから、合意自体なくても構いませんし、合意には達したが文書にはしないというケースもあり得ます。

修復的司法については、「加害者の更生に被害者を利用するものではないか？」「被害者に〝赦し〟を強要するものではないか？」「被害者がなぜ加害者と和解しなければならないのか？」等の疑念や誤解をもたれることがありますが、決してそのようなものではありません。特にＮＰＯ法人対話の会のプログラムは、そうならないように注意を払っています。加害者に対話のニーズがあっても被害者にニーズがない場合には加害者にこれを伝え「対話の会」は開かない、被害者と加害者が相互に相手の事情や気持を理解するプロセスを重んじ、その結果合意に至るかどうかに重きを置かない、というのがそれです。相互理解のプロセスを経て、加害者の謝罪が受け容れられ償い方法についての合意ができることはありますし、中には被害者から〝赦し〟の言葉が出るケースもありますが、それはあくまでも結果であって、決して初めから〝和解〟や〝赦し〟を目的とするものではないのです。

ある非常に重い犯罪での「対話の会」で合意ができたとき、被害者は加害者に対して「もう怒ってはいないけど、まだ赦してはいない」と言いました。その被害者は、「対話の会」を経て、ようやく事件の時に止まってしまった時計が動き出した、自分もこれで新たな一歩が踏み出せるとも言っていました。おそらく、この言葉は、自分も立ち直るが加害者にも立ち直ってほしい、本当に赦せるかどうかは、自分が立ち直れるか、加害者が立ち直れるかにかかっているという意味を込めた言葉だったのだろうと思います。

⑥「対話の会」のフォローアップ

「対話の会」で、加害者が分割払いで被害弁償する、定期的に手紙を書くなど、加害者が「対話の会」終了後に実行すべき償い方法が合意された場合、進行役はこの合意が実際に実行されているかどうかを見守り、万一実行されないような場合には、その原因を確認して被害者に伝えたり、再度「対話の会」を開いて実行されるようにするなどします。

三　被害者の思いに寄り添う

私が今、「対話の会」の進行役として被害者加害者対話の事前準備をしているケースがあります。非常に重篤な犯罪事件の女性被害者が、その犯罪で長期にわたる懲役刑の判決を受け刑務所の中にいる男性加害者との対話を求めて申し込みをしてきたケースです。

その女性被害者は、加害者が逮捕された時から加害者との対話を求めていたのですが、その願いは自らの支援弁護士にも検察官にも理解してもらえませんでした。当時、修復的司法も知らず誰にも教えてもらえなかった彼女は、自分は『変わった被害者』なのか、自分が『おかしい』のかと悩みつつ、やむを得ない次善の策として弁護士や検察官の勧める刑事裁判への「被害者参加」をしました。

そして、法廷で検察官と弁護人の「被告人質問」に答える加害者を自分の目で見、その供述を自分の耳で聞き、自分自身もまた「被害者の意見陳述」という形で加害者に伝えたいことを陳述したのですが……。結局、このような互いに一方通行の方法では、彼女の思いを満たすことはできませんでした。

なぜ彼女は、加害者と目と目を見合わせ、直接言葉を交わす相互通行の対話を求めたのでしょう。それは、

私の流した涙を一粒も無駄にしてほしくない。

二度と私のような被害者が出ないことを確認したい。

そうでなければ、私は一歩も先に進めない。

という思いでした。

日本では修復的司法の実践が広まっていないため、彼女が対話の会への申込みに至るまでには、悩みを抱えてさまようような時間と労力を要しました。ＡＫＩＲＡさんが修復的司法やその実践を知ったのは、十年もかけて自分一人で塀の中から被害者に謝罪や償いをした後でした。

本書は、私とＡＫＩＲＡさんの往復書簡を通じて、主として加害者の視点から、読者のみなさまに修復的司法の理念や被害者加害者対話を広めることの必要性を知っていただくためにしたためました。しかし、この背景には、もう一つのストーリー――被害者にとっての修復的司法の必要性の物語――があることもまた知っていただきたいと思います。

ＡＫＩＲＡさんのケースの被害者の方々は、十年もの長い年月、加害者からの謝罪も償いもない中、どんな思いで生きておられたのでしょう。もしも、この被害者の方々が修復的司法実践と出合っておられたなら、もっと早く心の安らぎを得られたのではないでしょうか。

先のケースの加害者は、刑務所に入ってすぐ対話の会からの手紙を受け取り、初めて女性被害者が対話の申し込みをしたことを知りました。彼は、被害者は自分を恨み厳罰を求め二度と自分とは関わりたくないと思っていると信じていましたから、当初は彼女が対話を求める意味がわからず、戸惑っていました。

しかし、それから今日までの一年半、対話の会の進行役が事前準備のための働きかけを続けてきた中で、「二度と私のような被害者を出さないでほしい」という彼女の願いを理解し、真摯にこの願いに応える努力をしています。その道のりは決して平坦なものではありませんが、偶然にも彼は今、教育プログラムを受講するため、ＡＫＩＲＡさんと同じように、成人のための刑務所から少年刑務所に移され、教育的な処遇環境の中で、教育プログラムと対話の会の両方の働きかけを受けています。

生まれた時からの自分を振り返り、どうして自分がこのような罪を犯してしまったのかを考えるとともに、自分の犯した罪が被害者の心と人生にどのような被害をもたらしたのか、これを少しでも埋め合わせるために自分は何ができるのかを真剣に考え、その答えを探して暗中模索しているのです。

女性被害者の方もまた、彼の真摯な努力を知り、少しずつではありますが、自分のニーズが満たされる可能性を信じ、被害の時から止まってしまった自分の中の時計がやがて動き始める時が来るだろうとの予感を胸に、その時が来るのを待っています。

「もう二度と誰かを傷つけたくない」と願う加害者と、「もう二度と私のような被害者を出してほしくない」と願う被害者、そしてそのような願いを持つ被害者加害者を、優しく包み込んで支援する社会が実現することを期待しています。

あとがき

AKIRA

私は今、十七年の刑期を満了する前に仮釈放となって社会復帰を果たし、一年近くの保護観察期間を、自由と対峙しながら更生への道を歩んでいます。

私が犯した罪と正面から向き合い、これまでの生き方・価値観の見直しを行い、受刑中から被害者への謝罪・弁償を行うという加害者として当たり前のことができているのも、奈良少年刑務所で小西好彦法務教官（現早稲田大学教育学部心理学専修非常勤講師）や、大谷徹奘篤志面接委員（奈良薬師寺僧侶）との出会いのおかげであり、この場をお借りして深く感謝申し上げます。

また、本書の出版にご尽力下さいました山田由紀子先生、新科学出版社の方々、そして、罪を犯した私以上に苦しみ、つらい思いをしてきたにもかかわらず、ずっと私の更生を願い、信じて支え続けてくれた家族・友人に心より感謝申し上げます。

本書を最後までお読みくださりありがとうございました。

最後に、私は修復的司法の実践が広く世の中で行われるようになるには、支援する側の連携・つながり・理解が不可欠だと思います。そして、その思いを実現するために「対話の会」等の活動に参加したり、加害者による被害者の被害回復のための『犯罪被害者支援基金』を設立したりしながら、普及を図っていきたいと思います。

もう二度と誰かを傷つけたくない。もう二度と自分を欺きたくない。もう二度と大切な「縁」を失いたくない……。

一人ひとりに寄り添って誰もが排除されない、適切な距離感で関わり合える、そんな社会の到来を夢見て、実現に向けて歩んでいきます。

山田由紀子

私が、ＡＫＩＲＡさんの体験をこのような書籍にして世に出したいと思うきっかけとなった出来事が二つありました。

一つは、ＡＫＩＲＡさんの孤独な修復的司法への旅路に感動しこと、もう一つは、法学部での講義で学生二百人ほどに「受刑中の加害者は被害者への謝罪や償いをしたいと思っていると思うか」と質問したところ、圧倒的多数の学生が「思っていないと思う」と答えたことです。

法学部の学生の反応は、社会一般の反応を象徴しているものと言えます。私自身も、日頃修復的司法を広める活動をしている中で、被害者への謝罪や償いをしたいと願う加害者も多いと強調してきたものの、それは自分の弁護士としての経験や対話の会の経験から言ってきたことで、刑務所内の受刑者の実像を十分知ってのこととは言えませんでした。だからこそ、ＡＫＩＲＡさんの体験を知って感動し、ＡＫＩＲＡさんの周りだけでも被害者への謝罪や償いに日々努力している受刑者が何人もいることを知って安堵したのでした。

「対話の会」では、まず第一段階として、被害者と加害者が互いにその犯罪での自分の体験を話します。つまり、〈被害者の事実を加害者が知る〉〈加害者の事実を被害者が知る〉というところから始めるのです。誤解や偏見をなくし真に相手を理解するには、生の事実を知ることが大切です。

私は、本書が刑事司法や刑事政策等の研究者の方々、法学・社会学・司法福祉等を学ぶ学生のみなさん、被害者支援や加害者支援に関わる方々に生身の受刑者の実像を知っていただく一助となり、それが、ひいては社会一般の方々の受刑者理解に繋がることを心から願っています。そして、読者のみなさまに本書の生の事実から、修復的司法の必要性やこれを広めることの重要性を感じとっていただければ、これに勝る幸せはありません。

二〇二〇年年六月吉日

ＮＰＯ法人　対話の会

――犯罪やいじめをめぐる被害者・加害者・地域社会のために

お互いが新たな一歩を踏み出すために大切なのは「修復的対話」です。

お互いが語り合うことで、どうしたら被害者が癒され、加害者が立ち直れるかを考える場を提供します。

私たちの活動は、すべて市民ボランティアによって支えられています。

それは、ひとりひとりのボランティアが、犯罪やトラブルを他人事ではなく、いつ自分や自分の大切な人が加害者になってしまうかもしれない、あるいは被害者になってしまうかもしれないものと考えているからです。

犯罪や人間関係のトラブルは、地域社会の中にポッカリと開いてしまった〝穴〟のようです。

刑罰や損害賠償だけでは、その穴は埋まりません。

加害者には、自分が開けてしまった〝穴〟の深さをしっかり見つめてほしい。

その上で、加害者が自ら汗してその〝穴〟を埋めるよう、それによって被害者の心の〝穴〟も少しは埋められるよう、地域の一員として、私たちもお手伝いしていきたいのです。

理事長　山田由紀子

〔連絡先〕　〒二七〇―二二五一　千葉県松戸市金ヶ作三〇〇
ＴＥＬ　〇四七―三〇三―三六六六
メール　taiwanokai@white.plala.or.jp
ＵＲＬ　http://www.taiwanokai.org/

山田 由紀子（やまだ　ゆきこ）

弁護士　Y's 法律事務所所属
NPO 法人 対話の会 理事長

1976 年　司法試験合格
1979 年　弁護士登録
2001 年　被害者加害者対話の会（現・NPO 法人対話の会）開設
2006 年　同会理事長に就任

著書　『子どもの人権をまもる知識と Q&A』（法学書院）
　　　『少年非行と修復的司法』（新科学出版社）

つぐなうために
——受刑者が見た修復的司法の真実と光——

2020 年 8 月 25 日発行 ©

著　者
山田由紀子／ AKIRA
発行者
武田みる
発行所
新科学出版社

（営業・編集）〒 169-0073　東京都新宿区百人町 1-17-14-21
TEL：03-5337-7911
FAX：03-5337-7912

印刷・製本：株式会社シナノ パブリッシング プレス

ISBN 978-4-915143-62-5　C0037
Printed in Japan

新科学出版社の本

少年非行と修復的司法
—被害者と加害者の対話がもたらすもの—

山田 由紀子著（弁護士・NPO 対話の会代表） 本体 860 円＋税

犯罪やいじめなど､地域に起きる様々なトラブル。

被害者・加害者・地域の人たちが、お互いに新たな一歩を踏み出すために大切なものは何か。修復的司法という考え方に基づいた関係修復するための対話活動。

本書は、その実例を具体的に示しつつ、地域で互いに安心して暮らしていくための対話の実績や課題のほか、学校や少年院での取り組みの展望を示す。

あの頃、ボクらは少年院にいた
—セカンドチャンス！　16 人のストーリー

セカンドチャンス！編　本体 1500 円＋税

それぞれの人生と思いがこめられた 16 篇の物語。

「埋め戻しのできないこと」をしてしまった人生を引き受けて、その後の人生をどう生きるか……。

「あの頃」を忘れることなく、長い旅を歩き続けるメンバーたち。その歩みを支える仲間の存在。

セカンドチャンス！の 10 年の歩みと現在を浮き彫りにする。

『セカンドチャンス！』
—人生が変わった少年院出院者たち—

セカンドチャンス！ 編　本体 1500 円＋税

少年院を出院した青年たちが、自らの問題に正面から立ち向かいながら、迷いを抱きつつも前を向いて歩み始めた。率直な思いを熱くつづった 8 人の手記と、彼らにエールを送る各界からの応援メッセージ。

ホームページ　http://shinkagaku.com/